하루하루 공부가 좋아지는

엄마의
한마디

하루하루 공부가 좋아지는
엄마의 한마디

2016년 4월 22일 초판 1쇄 발행
지은이 · 최찬훈

펴낸이 · 김상현, 최세현
책임편집 · 김형필, 허주현, 조아라 | 디자인 · 김애숙

마케팅 · 권금숙, 김석원, 김명래, 최의범, 조히라
경영지원 · 김현우, 강신우
펴낸곳 · (주)쌤앤파커스 | 출판신고 · 2006년 9월 25일 제406-2012-000063호
주소 · 경기도 파주시 회동길 174 파주출판도시
전화 · 031-960-4800 | 팩스 · 031-960-4806 | 이메일 · info@smpk.kr

ⓒ 최찬훈(저작권자와 맺은 특약에 따라 검인을 생략합니다)
ISBN 978-89-6570-328-0 (03370)

쌤앤파커스(Sam&Parkers)는 독자 여러분의 책에 관한 아이디어와 원고 투고를 설레는 마음으로 기다리고 있습니다. 책으로 엮기를 원하는 아이디어가 있으신 분은 이메일 book@smpk.kr로 간단한 개요와 취지, 연락처 등을 보내주세요. 머뭇거리지 말고 문을 두드리세요. 길이 열립니다.

하루하루 공부가 좋아지는

엄마의
한마디

최찬훈 지음

쌤앤파커스

2

문제 진단

"뭐하니!
얼른 공부해!"

어떤 말로 아이를 공부시키고 있나요?

3
실전 1

"내 맘을 알아줘서
고마워요, 엄마!"
아이의 상황별·문제별 해결책

4

"우와! 이젠
공부가 재밌어요!"

아이의 공부 열정을 키우는 엄마의 한마디

5
시험 직전 대책

"정답이
쏙쏙 보여요!"

시험에서 바로 써먹는 엄마식 공부의 기술

"공부를 하게 만드는 건
아이를 혹사시키는 게 아닙니다.
노력하고 싶어 하는 아이를
제대로 끌어주는 엄마가 최고의 엄마입니다."

시작하는 말

하루 3분,
행복하게 공부하는 아이를
만드는 시간

시험을 앞둔 아이가 어떻게 공부해야 시험을 잘 볼 수 있는지 묻습니다. 어떻게 대답해야 할까요? 대개의 엄마들은 아마도 이렇게 대답할 것입니다.

"열심히, 최선을 다해서 공부하면 돼."

그렇다면 열심히 최선을 다해 공부한다는 것은 어떻게 하는 것일까요? '미리미리 계획을 세우고, 노는 시간을 줄이고, 반복해서 교과서와 참고서를 읽으며, 문제를 많이 푸는 것' 정도가 대답이 될 것입니다.

제가 만난 초등학교 4학년 정민이는 국어, 수학, 사회, 과학 시험을 앞두고 고민에 빠져 있었습니다. 좋은 점수를 받고 싶어서 엄마에게 공부하는 방법을 물었더니 위와 같은 대답을 들었다고 하더군요. 정민이는 엄마의 대답을 어떻게 이해했을까요?

엄마의 말대로 구체적으로 실천하기 위해서 아이가 정해야 하는 것들이 어떤 것인지를 살펴보면 '열심히 공부하라.'라는 대답이 아이에게 아무런 도움도 되지 않음을 쉽게 이해할 수 있습니다. 미리미리 계획을 세우고 공부하라는 것은 네 가지 과목을 공부하기 위해 며칠 동안 공부를 해야 한다는 것인지, 공부하는 시간은 하루에 몇 시간이나 되어야 하고, 과목별로는 시간을 어떻게 배정해야 하는 것인지 정민이는 헤매고 있었습니다.

그래서 공부하라고 하면 교과서나 참고서를 뒤적거리며, 여기저기를 산만하게 보다가 몇 문제를 풀고는 공부를 했다고 생각하고 책을 덮고 말지요. 이 과정을 지켜보던 부모님은 답답한 나머지 개입을 하게 됩니다. 계획을 세워주고, 공부하는 동안 옆에서 지켜봐주며, 문제를 풀면 채점을 해주고, 틀린 문제는 설명을 해줍니다. 이런 식으로 시험공부를 반복하게 되면 계획을 세우고 과정을 점검하는 것은 부모의 몫이 되고, 아이는 그저 참고서를 읽고 문제를 푸는 것만이 자기 과제라고 생각하게 됩니다.

✦

'공부 기계'가 아닌 스스로 생각하는 아이를 만드는 '말'

어떤 부모님도 이런 결과를 원치 않으실 겁니다. 문제의 발단은 그저 간단한 '엄마의 말'이었습니다. 바로 "열심히, 최선을 다해서 공부하면 돼." 이 말이죠. 부모님은 아이로 하여금 주어진 목표를 달성하기 위해 어떤 전략이나 기술, 자료가 필요한지를 알고, 목표를 제대로 수행하기 위해 언제, 어떻게, 어떤 방법을 사용해야 하는지를 스스로 알 수 있도록 교육해야 합니다.

조선미 박사는 저서 《영혼이 강한 아이로 키워라》에서 목표 달성 방법을 스스로 탐구하고 실행할 줄 아는 아이는 부모님이나 선생님의 말을 듣고 자신의 행동을 고칠 수 있고, 자신의 성과를 정확하게 평가할 수 있으며, 자기 행동이 주변 사람이나 상황에 미치는 영향을 예측할 수 있다고 밝혔습니다. 반면에 이런 능력이 나이에 맞게 성장하지 않은 아이들은 무엇을 해야 할지 항상 일러주어야 합니다.

그렇기에 엄마와 아빠가 아이에게 하는 한마디 한마디는 매우 중요합니다. 저는 이 책에서 그저 참고서를 읽히고, 문제집을 풀게 하는 것 이상으로 '아이 스스로 문제를 해결할 수 있는 능력'을 키울 수 있는 '엄마의 대화법'을 알려드리고자 노력했습니다.

1장에서는 엄마들의 대표적인 아이 공부 고민을 모아 해결책과 함께 소개합니다. 옆집 아이는 열심히 공부하는데 우리 아이만 놀고 있는 것 같을 때, 어쩐지 내 아이는 공부 머리를 타고나지 않은 것 같을 때, 아이가 많이 뒤쳐진다는 선생님의 지적을 들었을 때… 엄마는 불안감에 휩싸여 자칫 아이에게 상처를 주거나, 공부 의욕을 꺾기 쉽습니다. 이런 일이 발생하지 않도록 도와드립니다.

2장에서는 본격적으로 문제 진단에 들어가 어떤 말로 아이를 공부시키고 있는지 체크해봅니다. 동시에 "공부 좀 해!" "어쩌려고 그러니." "시키는 대로 해!" "네 미래를 위해서야." 같은 학습 의욕을 꺾는 말 대신, 엄마들이 꼭 알아야 할 '잔소리의 기술' '아이의 자존감을 살리는 대화법' 등을 알려드립니다.

3장에서는 시시때때로 바뀌는 아이의 성격별, 장래 희망별, 특성별 공부 문제와 그 해결책을 다룹니다. 아이가 산만할 때, 게임 중독에 빠졌을 때, 연예인이 될 거라고 공부는 거들떠도 안 볼 때, 영어나 수학 같은 특정 과목을 너무나도 싫어할 때 등 다양한 사례와 함께 속 시원한 해결책들이 엄마들을 찾아갑니다. 절로 '맞아 맞아!' 하고 고개가 끄덕여질 거예요.

4장에서는 실전으로 들어가 '아이의 공부 열정'을 키우는 엄마의 한마디를 소개합니다. 감수성이 예민한 사춘기 아이들에겐 공부하라는 부모는 다 '꼰대'입니다. 똑같은 얘기를 해도 엄마 아빠가 하면 지겹게 느껴지는 것이죠. 이럴 때 아이 스스로 공부에 빠져들게 하는 마법 같은 '엄마의 말' 7가지를 활용해보세요.

5장에서는 시험에서 바로 써먹는 '엄마식 공부의 기술'을 공개합니다. 스스로 공부하는 습관이 붙은 아이라도, 막상 시험에서 성적이 나오지 않으면 좌절하고 공부에 흥미를 잃는 일이 발생할 수 있습니다. 이런 불상사가 발생하지 않도록 시험 현장에서 문제 푸는 능력을 높이는 '족집게 문풀법'을 알려드립니다.

+

아이의 삶을 바꾸는 엄마의 말 습관

아이들은 엄마 아빠의 말을 무비판적으로 받아들이고 '세계관'과 '가치관'을 정립해나갑니다. 아이들에게는 아직 어른의 말을 스스로 판단할 경험 정보가 없기 때문입니다. 그렇기에 우리는 어른에게 하는 말보다 몇 배는 더 신경 써서 아이들에게 해줄 말을 골라야 합니다. 언제나 "내가 하는 말이 이 아이의 인생을 좌우할 수도 있다."라는 생각을 가지고 접근해야 합니다.

지금부터 아이에게 말을 건넬 때 조금 더 신경을 기울여주세요. 지금 여기서 아이를 0.1도 각도만 틀어버려도, 그게 쭉 직선으로 계속 이어져나가면 원래 올바른 방향에서 몇 킬로미터 떨어진 잘못된 장소로 향하게 될 수도 있습니다. 반면 지금 단 0.1도라도 옳은 방향으로 아이를 바꿀 수 있다면 그게 수년 뒤 믿기 힘들 정도의 놀라운 성과로 나타날 수도 있는 것입니다.

이 책은 여러분들께 그러한 성과를 안겨드리기 위해 쓴 책입니다. 행복하게 공부하는 아이를 만드는 데는 하루 3분이면 충분합니다. 아이의 학습 열정을 끌어올리기 위해 '엄마의 한마디'가 필요한 순간, 아이와 엄마의 인생을 바꾸는 그 중요한 순간에 제가 곁에 있겠습니다. 감사합니다.

2016년 봄

최찬훈

"아이 성적 때문에 불안해요."

엄마들의 대표 고민을 물었습니다.

옆집 아이는 열심히 공부하는데, 우리 아이만 놀고 있는 것 같을 때. 어쩐지 내 아이는 공부 머리를 타고나지 않은 것 같을 때. 아이가 많이 뒤처진다는 선생님의 지적을 들었을 때…

이럴 때 엄마들은 불안감에 휩싸입니다. 그리고 이런 불안감 속에서 엄마가 무심코 던진 말은 아이에게 상처가 됩니다. 1장에서는 엄마들의 대표적인 고민을 모아, 해결책과 함께 소개합니다.

"우리 아이 공부, 이미 늦은 건 아닐까요?"

엄마의 불안감이 아이를 망친다

공부 안 하는 아이를 하게 만드는 것은 수많은 대한민국 부모님들이 힘겨워하는 큰 숙제입니다. 무슨 말을 해도 씨알도 안 먹히는 것 같을 때, 정말 답답하죠. 속에서 활활 천불이 납니다. 뭘 더 어떻게 해야 하나 싶고요. 대체 왜 우리들은 아이가 스스로 공부하게 만드는 데 실패하는 걸까요?

어떤 일이 잘 안 되는 경우를 보면 해당 분야에 지식이 부족하기 이전에, 잘못된 고정관념 때문에 일을 그르치는 경우가 많습니다. 특히 교육에 있어서는 아주 사소한 고정관념이 커다란 결과의 차이를 불러일으키곤 합니다. 본격적인 대화 공부법 이야기를 하기에 앞서, 우선 공부와 노력 교육에 대한 잘못된 고정관념부터 깨고 들어가겠습니다.

✚

한 살이라도 어릴 때 공부 습관을 잡아야 한다?

한국의 풍토에서 상당수 부모님들이 굳게 믿고 있는 말이 하나 있습니다. 그건 바로 "성적은 어린 나이에 대부분 결정된다."라는 이야기인데요.

11살짜리 아이가 공부를 너무 안 한다는 한 어머니의 고민을 들은 적이 있습니다. 문제는 이런 고민을 하는 사람이 이 어머니뿐만이 아니라는 겁니다. 제가 만나본 대부분의 어머니가 이렇게 생각하고 있었습니다.

"어느새 11살인데, 이제 와서 아이의 공부 습관을 바로 잡을 수 있을까요? 벌써 머리가 굳은 거 아닐까요? 마음을 비워야 할까요?"

21살도 아니고 11살인데 이미 늦었다고 말하는 사람들이 너무나 많습니다. 조기교육 광풍에 사로잡힌 나라다 보니 터무니없이 어린 나이에도 '이젠 늦었다.'라는 이야기가 그럴 듯한 소리로 들리는 상황입니다.

그러나 이건 그냥 한마디로 '낭설'입니다. 21살이 아니라 61살에 공부를 시작해서 당당히 학위를 따내는 사람도 있는데 말이죠. 도무지 말이 안 되는 이야기인데, 다들 고개를 끄덕끄덕하고 있으니 저 같은 교육 전문가 입장에선 안타까운 마음마저 듭니다.

일전에 90세가 넘은 역사 마니아 할머니를 방송에서 본 적이 있습니다. 거동이 불편하게 된 이후에 엄청나게 책을 읽어서 전 세계 역사를 줄줄 꿰고 있는 대단한 분이었습니다. 우리 모두가

새겨들을 만한 말씀을 남겼습니다.

"내가 지금 90살인데 60살만 되었어도 박사했을 거야."

이런 분 앞에서 11살이 늦었니 어떠니 하는 이야기를 한다면 어떻게 될까요? 따끔하게 된서리를 맞지나 않으면 다행일 것입니다. 이렇게 보니 초등학교 고학년이 늦었다는 게 왜 상식적으로 말이 안 된다는지, 이해하시겠지요?

11살짜리가 공부 습관을 바로잡을 수 없는 건, 그 아이가 이미 늦은 나이여서가 아닙니다. 엄마를 비롯한 가르치는 사람들에게 아이의 공부 의욕을 끌어올릴 수 있는 일관된 대화 기준이 없기 때문입니다. 엄마 스스로 공부 대화 기준이 없음을 자각해야 합니다. 그러지 않고 한탄만 하다 보면 아이에게도 엄마에게도 결코 좋을 게 없습니다.

허나 우리 현실에서 11살이 늦었다고 하는 건 그나마 양반일 수도 있습니다. 아예 태어났을 때부터 공부 잘하는 머리가 정해져 있다고 하는 '공부 머리론', 초등학교 입학 이전에 아이의 공부 성패가 결정된다는 '조기 결정론'을 지지하는 사람들도 엄청 많습니다. 지금 한국 교육 풍토에선 공부 머리론, 조기 결정론을 지지하는 사람들이 주류라고 할 만큼 높은 비율입니다. 안타깝게도 말이죠.

"휴, 쟤는 한 번에 알아먹는데 얘는 이 정도 머리밖에는 안 되나 봐."

"쟤는 저렇게 알아서 하는데, 얘는 죽어라 잔소리해도 들은 척도 안 하고… 아이고 속 터져. 누굴 닮아서 저렇게 공부를 못하는 거야."

심지어는 교육자들도, 이런 말을 뒤에서 하는 분들이 많은 게 현실입니다. '공부 머리론'이나 '조기 결정론'을 앞세우는 교육관은 기본적으로 무책임합니다.

엄마 입장에서 "어차피 공부 머리는 타고나는 거야." "이미 이

나이 정도 되면 끝난 거야."라는 결정론을 믿으면 본인의 책임으로부터 한결 가벼워질 수는 있습니다. 하지만 그런 책임 회피적 태도는 결코 아이의 공부에 도움이 되지 않습니다.

✚

몇 살이든, 충분히 '공부 역전'은 가능하다

90세 할머니의 "60살만 되었어도…"라는 말을 우리는 잊어선 안 됩니다. 어떤 나이여도 충분히 성적 역전은 가능합니다. 아무리 늦어 보여도 '어차피 이젠 안 돼.'라는 생각을 먼저 털어버리세요. 이길 거라고 생각한다고 해서 반드시 이길 수 있는 건 아니지만 질 거라고 생각하면 100퍼센트 지는 법이니까요.

'세상에 무조건 되는 일도 없지만, 무조건 안 되는

일도 없다!' 이 말을 기억해두세요. 이 말은 특히 아이에게 공부를 시키려고 할 때 반드시 필요합니다. 교육에서 제일 중요한 게 포기하지 않는 아이로 키우는 일인데, 엄마 스스로가 '저 아이는 이젠 늦었어.'라고 포기한대서야 말이 안 되는 일입니다. 아이가 조금 늦은 듯해도, 천천히 따라와도 절대 아이의 손을 놓지 마세요. 인내심을 가지고 꾸준히 바른 말로 이끄는 엄마의 노력에 아이는 '눈부신 성장'으로 보답할 것입니다.

---

point!

아이를 공부시키기에 늦은 나이는 결코 없다.
다만, 공부에 위축된 아이에게 자신감을 불어넣는
'엄마의 대화법'을 제대로 익혀라!

고민 2

"공부 머리,
타고나야 할까요?"

소리만 안 질러도 똑똑해진다

간혹 어떤 아빠들은 아이들을 공부시키려는 엄마에게 이렇게 쏘아붙이기도 합니다.

"자기도 공부 못했으면서 왜 애한테는 공부하라고 닦달이야?"

혹시 남편이 저런 말을 한다면 절대 그냥 넘어가지 마세요. 이 말은 얼핏 '욕심에서 벗어나라.'라는 합리적 지적인 것 같지만, 사실 진짜 뜻은 '당신도 공부 못했으니 아이도 공부 잘하길 절대 바라지 마라.'라는 말입니다. 정말 터무니없는 말이죠!

부모가 공부를 못했으니 자녀에게도 공부를 시키지 말라고 하는 건, 합리적이기는커녕 아이의 변화 가능성을 무시하고 결국 유전자가 최고라는 잘못된 인식을 옹호하는 말에 불과합니다.

아이에게 부모라는 존재는 전 생애를 통해 최초로 만난, 가장 강력한 영향을 주고받는 대상입니다. 이 관계는 모든 아이의 성장 과정에 막대한 영향을 미칩니다. 따라서 부모 사이에 고성이 오갈 때, 아이가 보는 앞에서 아빠가 엄마에게 핀잔을 줄 때 아이는 눈치만 보게 됩니다. 이런 분위기에서 아이가 공부에 집중할 수 있을까요? 의욕을 가지고 공부하려는 마음이 생길까요? 아닐 겁니다. 자연스럽게 아이가 공부에 부정적인 감정을 품게 되고 점차 흥미를 느끼지 못하게 되는, 악순환이 시작됩니다.

+

공부는 타고난 머리가 있어야 한다?

그렇다면 타고난 머리는 공부에 얼마나 영향을 미칠까요? 결론부터 말하면, 인간의 능력(지능, 근성, 태도, 행동력)은 어차피 유동적인 것이기 때문에 유전자가 어떻든 그 역시 공부를 잘하게 하는 여러 가지 요소 중의 극히 일부에 불과합니다. 그럼에도 유전자가 마치 꽤 중요한 요소인듯 호도되는 이유는 공부 머리론, 혈통론을 옹호하면 할수록 득보는 사람들이 있기 때문입니다.

일부 권력층은 부와 권력의 대물림을 정당화할 수 있고, 잘못된 몇몇 교육자들은 교육 실패의 책임을 아이와 아이의 부모에게 떠넘길 수 있다는 편리한 점이 있는 것이죠. 우리가 '공부 머리'라는 것의 실체를 주의 깊게 관찰해볼 필요가 바로 여기에 있습니다.

이런 경우를 하나 생각해보세요. 온 식구가 하버드대 출신인 집안의 아이가 있습니다. 이 아이를 식구 중 아무도 대학에 간 사람이 없는 집안의 아이와 바꿔치기합니다. 그로부터 20년 후 이 두 아이의 미래는 어떻게 되었을까요? 공부와는 완전히 담쌓은 집안에서 자라났더라도 정말 공부 머리의 영향이 막대하다면 하버드대 집안 출신의 아이는 하버드대에 준하는 명문대에 가야 할 것입니다. 그런데 과연 그렇게 되었을까요? 절대 그렇게 될 리가 없다는 사실을 우리는 굳이 실험을 거치지 않아도 충분히 직관할 수 있습니다.

더 이상 이런 근거 빈약한 이야기에 휘둘리면 안 됩니다. 엄마의 심지가 단단해야 아이도 세간의 낭설에 휘둘리지 않습니다. 또한 남편의 막말도 멋지게 되받아치세요. 이렇게 말이죠.

"공부는 타고난 머리에 좌우되는 게 아니야! 당신이 소리만 안 질러도 애가 백배는 똑똑해질 걸?"

+

아이의 의욕을 박살내는 엄마의 '닦달'

물론, 유전자나 유아기 환경이 아이의 성적에 영향을 미친다고 증명하는 듯이 보이는 사례도 없지는 않습니다. 실제로 서울대 출신의 엄마가 아들 세 명을 모조리 서울대에 보낸 너무나 유명한 케이스가 있죠. 어떤 엄마가 들어도, 분명 '공부 머리론'에 혹할 수밖에 없는 사례입니다.

그런데 이 엄마는 그냥 "아이들을 내버려뒀을 뿐이었어요."라고 이야기하더군요. 사실 이 내버려뒀다는 것이 어떻게 보면 더 무시무시한 말인데요. 뭔가 특수한 교육법을 썼다면 차라리 '노력하면 되겠지…' 하는 희망을 가질 텐데 '그냥 내버려뒀더니 알아서 서울대 가더라.'라는 건 결국 유전자와 환경의 압박을 느낄 수밖에 없게 만드는 말이니까요. 그러나 여기서 실망할 필요는 없습니다.

서울대 출신 엄마가 '내버려뒀더니 아들들이 알아서 서울대 가더라.'라는 건, 상당히 오해의 소지가 많은 말입니다. 내버려둔다는 것도 사실 여러 가지 종류가 있기 때문입니다. 그리고 기본적으로 우리는 공부 잘하는 아이와 그 부모의 말을 너무 곧이곧대로 듣지 말아야 합니다. 보통 부모들은 자신의 자녀를 최대한 훌륭하고 뛰어난 사람처럼 보이고 싶어 하니까요.

"저는 아이를 마구 닦달하고 혼내서 서울대에 보냈어요."

이렇게 말하는 부모, 보신 적 있으신가요? 저는 한 명도 못 봤습니다.

"억지로 시키지 않았는데도 알아서 열심히 하더군요. 호호호."
"아유~ 저는 절대 억지로 시킨 적 없어요. 쟤가 알아서 했죠."

이런 식으로 말해야 자신의 자녀가 더 훌륭한 사람으로 비춰지게 되니까요. 근데, 그런 가식적인 말을 듣고

"쟤 봐라. 쟤는 시키지도 않았는데 저렇게 열심히 했다는데 너는 뭐니!"

하고 아이를 닦달하시면 안 됩니다. 이런 이야기는 아이가 그마나 가지고 있던 공부 의욕을 사그라뜨리는 전형적인 패턴입니다. 절대 치장된 말에 속지 마세요.

강요하는 것에도 여러 가지 패턴이 있고 내버려두는 것에도 여러 종류가 있습니다. 또 두 개가 적절히 섞인 교육도 있습니다. 마치 다른 사람이 보기에는 내버려두는 것 같지만 실제로는 엄청난 압박을 가하는 교육 방법도 있는 것이죠.

삼형제를 서울대 보낸 엄마의 '남다른' 대화법

아주 단순하고 간단한 사례를 들어보겠습니다. 삼형제가 모두 서울대에 간 경우입니다. 이 형제들의 엄마는 정말 '한 번도' 공부하라는 강요를 안 했을 수도 있습니다. 그런데 과연 자녀들이 공부하란 말을 안 들었다고 공부 압박을 안 받았을까요?

장남이 서울대에 들어갔다고 가정해봅시다. 아무리 엄마가 전혀 욕심이 없는 사람이라고 해도, 어찌 그 장남을 자랑스럽고 뿌듯한 시선으로 바라보지 않았겠습니까? 그러지 않기란 불가능했을 것입니다. 그 엄마와 장남의 모습을 바라보는 둘째, 셋째는 어떤 생각을 했을까요?

그런데 이번엔 둘째까지 서울대에 들어갔다고 해보죠. 그럼 막내가 공부에 대한 아무런 압박을 받지 않는 게 과연 가능할까요? 그럴 수가 없죠. 그 누구에게도 공부하란 이야기를 안 들어도 말입니다. 이 지점에서 우리가 잊지 말아야 할 사실이 있습니다. "이건 꼭 해야 하는 일이다."라는 최소한의 압박감 없이 그걸 열심히 해내는 사람은 지구상에 있을 수가 없다는 점입니다.

"아이한테 아무 강요도 안 했는데 스스로 엄청나게 노력하던데요."라는 이야기를 액면 그대로 '아무것도 안 했다.'라고 받아들이는 순간 어이없는 결과가 벌어지게 됩니다. 교육이 뭔지, 어떻게 아이에게 동기를 부여할 것인지, 깊이 고민하지 않은 사람에게는 그 차이가 눈에 잘 띄질 않으니까 시켜도 안 시킨 것처럼 보일 수도, 내버려두는 것도 아닌데 얼핏 내버려두는 것인 양 생각되기도 합니다.

그러나 때로는 내버려둔다는 것이 사실은 엄청난 강요이자 압박일 수가 있고, 강요한답시고 하는 일이 사실은 거의 방치에 불과한 것일 수도 있습니다. 이제는 그저 겉으로 보이는 결과, 치장된 말 때문에 괴로워하지 마세요. 어떤 우등생의 부모도 아이에게 아무런 강요 없이 마냥 손을 놓고 있는 사람은 없습니다.

'일본 사교육의 신'이라 불리는 무라카미 료이치의 말처럼 "공부 잘하는 아이가 되도록 필사적으로 교육하는 것은 아주 옳"습니다. 다만 올바른 방법으로, 아이의 자존감을 살리며 교육을 해야겠지요. 오늘 여러분이 아이에게 건네는 '말 한마디'가 그 시작일 수 있습니다. 이 책과 함께 아이와 신뢰를 쌓으며, 아이의 공부 의욕을 키워주는 엄마의 대화법을 익혀보세요.

point!

아이의 성적은 똑똑한 머리로 결정되는 것이 아니다.
아무 닦달없이 신뢰를 보내는 엄마의 말만으로도
아이는 콧노래를 부르며 스스로 책상 앞에 앉는다.

"한마디만 하려고 해도 듣기를 싫어해요."

아이가 태어난 순간의 감동을 떠올려라

아이가 태어난 순간, 그날의 감동을 기억하고 계시나요? 엄마는 고통의 과정을 통해서 자녀의 탄생을 느꼈을 것이고, 아빠는 아이가 태어나자마자 아이의 탯줄을 자르는 경험을 하면서 '우리 아이가 태어났구나.' 하고 아이의 존재감을 느꼈을 것입니다.

어릴 적에는 아이에게 절대적인 보호가 필요합니다. 부모도 아이에게 자연스레 사랑을 쏟고 다정한 말로 표현을 하지요. 그러다 어느 순간 아이와 부모 사이에 금이 가기 시작합니다. 아이가 공부를 시작하는 순간, 엄마 아빠가 눈살을 찌푸리며 "공부해!"

하는 말을 하면서부터입니다.

✚

'공부해라!' 잔소리보다는 동기부여가 더 필요하다

부모의 입장이 되고 보니 '공부'로 성공하는 것이 가장 쉽다고 생각하게 되었기 때문에, 엄마 아빠들은 자신도 모르게 아이에게 공부를 강요하게 됩니다. 사회생활을 하고, 다양한 사례를 접하다 보니 그래도 아직 이 사회에서는 공부를 잘하면 최소한 남에게 무시당하지 않고 살 수 있다고 생각하게 된 것이지요.

부모의 이런 마음을 아는지 모르는지 아이들은 잔소리로밖에 듣지 않습니다. 아, 이 얼마나 안타까운 일인가요.

"핸드폰 좀 그만 봐라."

"친구들 자주 만나지 마라."

"게임 그만하고 얼른 자라." …

이 모든 말이 아이에겐 잔소리로밖에 들리지 않고, '하지 마라.' 만 되뇌는 부모님은 피하고 싶은 기피 대상 1호가 될 뿐입니다. 이런 자녀들에게 맹목적으로 "공부해!"라고 말하는 것은 적절하지 않습니다. 이런 잔소리보다는 동기부여가 더 중요합니다. 결국 동기부여가 되어야 스스로 공부할 이유를 찾고 책상 앞에 앉을 테니까요. 그러나 적절한 동기부여 방법을 찾기 전에, 우선 자녀와의 갈등 정도를 확인할 필요가 있습니다. 그래야 문제의 심각성을 정확하게 알고 적극적인 태도로 해결에 나설 수 있습니다.

자녀와의 갈등 진단 테스트

평소 엄마 자신의 생각대로 1, 2, 3, 4, 5에 체크하고, 각 질문의 점수를 합해주세요.

← 아니다, 그렇다 →

1. 나는 외롭고 친구가 없다는 생각이 든다.　　　1 2 3 4 5

2. 나는 우리 아이한테 나쁜 부모라고 생각한다.　　1 2 3 4 5

3. 아이가 나를 화나게 하는 일을 잘한다.　　　　1 2 3 4 5

4. 아이는 나를 싫어하며, 나로부터 떨어져 있고 싶어 한다.　1 2 3 4 5

5. 아이는 내가 기대하는 것보다 나를 보고 잘 웃지 않는다.　1 2 3 4 5

6. 나는 아이에게 좀 더 친밀하고 따뜻한 감정을 갖고　1 2 3 4 5

　 싶지만 실제는 그렇지 못해 괴롭다.

7. 내가 아이를 위해 어떤 일을 해주어도 아이는　　1 2 3 4 5

　 나에게 고마워하는 것 같지 않다.

8. 아이에게 규칙적인 취침 습관과 식습관을 가르치는　1 2 3 4 5

　 일이 힘들었다.

9. 아이는 아침에 잘 일어나지 않으며 불쾌해 보인다.　1 2 3 4 5

결과

21점 이하 : 자녀와의 갈등이 없는 편입니다.

22~31점 : 자녀와의 갈등이 비교적 있는 편입니다.

32점 이상 : 자녀와의 갈등이 매우 높은 편입니다. 전문가의 도움이 필요합니다.

이 테스트는 서울삼성병원 사회정신건강연구소의 신정근 교수가 개발한 자녀와의 갈등을 진단하는 설문지입니다. 각 항목에서 답이 '거의 늘 그렇다'면 5점, '보통'이면 3점, '전혀 그렇지 않다'면 1점으로 매기세요. 꼭 집어 어느 단계라고 답하기 곤란하면 각 단계의 중간 점수인 2점과 4점으로 매기면 되고, 설문은 부모가 합니다.

자, 테스트를 마치셨나요? 결과는 어떠한가요? 아이와의 사이에 꽁꽁 얼어붙은 갈등을 녹이고 아이의 행동 변화를 이끌어 내려면, 마음 깊은 곳에서 시작되는 소통을 통한 설득이 필요합니다. 그중에 하나가 바로 '하고 싶어 하는 마음'을 불러일으키는 것입니다. 왜 공부를 해야 하는지, 아이의 생각은 어떤지 등 대화를 통해서 자연스럽게 소통하며 이해시킬 필요가 있습니다.

+

아이와 신뢰를 쌓는 '소통의 법칙' 4가지

그렇다면 아이와 어떻게 소통해야 할까요? 안타깝게도 요즘 엄마 아빠들은 너무 바빠 아이에게 자주 말을 건네지 못합니다. 아이는 부모의 따뜻한 말 한마디가 그리워 부모에게 다가가지만 우린 오히려 빨리 가서 공부하라고 소리치기 일쑤지요. 그러면 아이들은 부모를 향한 마음을 서둘러 거두어들이고 점차 거리를 두게 됩니다.

또한 우리는 아이가 보는 앞에서 다정하게 이야기하는 부부의 모습도 잘 보이지 못합니다. 밤늦게 집으로 돌아와 녹초가 된 몸을 이불에 묻기 바빠서 아이에게 말 한마디 건넬 여유가 없습니다. 자기 일에 바빠서 정신없이 하루를 보내다가 깊은 밤 함께 모여도 무슨 말을 나누어야 할지 모른 채 TV만 보다가 잠이 들고 맙니다.

이런 환경에서 자란 아이들은 결국 엄마 아빠는 자신보다는 자신의 '공부'에 훨씬 관심이 많다고 여기고, 소외감을 느끼게 됩니다. 결국 공부 잔소리를 하기 전에 부모가 먼저 익혀야 할 것은 제대로 된 '소통'의 법칙입니다.

1. 먼저 다가가라

소통의 문을 열기 위해서는 부모가 먼저 아이에게 다가가야 합니다. "네가 힘들 때, 엄마 아빠와 얘기하고 싶을 때, 엄마 아빠가 바쁘고 잘 몰라서 그냥 지나쳤지. 이해해주겠니?"라고 말합니다.

다만 이때 남자아이와 여자아이가 약간 다른 부분이 있을 수 있고 아이 성향에 의한 차이도 있을 수 있습니다. 부모가 다가와 자꾸 접근하는 것에 대해 짜증을 내고 내 방 안에서 혼자만의 시간, 친구와의 시간을 더 가지려고 하며 부모랑은 있기 싫어 하는 현상이 벌어질 수도 있습니다.

특히 사춘기 남학생의 경우 이런 반응이 아주 심할 수 있는데

그건 저 또한 그랬던 것이니 전혀 잘못된 것이라 생각 안 하셔도 됩니다. 성장기에 나타나는 지극히 당연한 현상 중 하나입니다. 이 경우 너무 억지로 말을 붙이려고 하지 말고, 아이의 부담을 덜어주는 이야기를 하면서 다가가면 쉽게 접근성을 높일 수 있을 것입니다. 예를 들면 이런 식입니다.

"아들, 학원 가기 싫어? 밤에 학원 가는 것 많이 힘들지? 그래. 그럼 조금 더 일찍 끝나는 다른 학원을 알아볼까?"

학원 자체를 가지 않아도 된다가 아니라 다른 학원을 가자고 이야기해보는 겁니다. 아이의 의사를 존중해주는 듯하면서도 결국 해야 할 일은 해야 한다는 이야기죠. 나에게 부담주는 사람보다 내 부담을 덜어주는 사람과 함께하고 싶은 겁니다. 이 원칙을 잊지 말고 접근해나갈 필요가 있겠습니다.

2. 더, 자주 대화하라

<u>딱히 할 말이 없을 때에도 의식적으로 아이에게 다가가, 한마디라도 더 많은 대화를 나눌 수 있도록 노력하세요.</u> 물론 처음엔 서먹하고 말을 꺼내기가 힘들 수도 있습니다. 피곤하기도 할 테고요. 하지만 아이의 마음을 움직이고, 신뢰를 쌓게 하는 것이 바로 그런 부모님의 노력하는 모습입니다.

3. 항상 고마움을 표현하라

항상 고맙다는 표현을 아끼지 말아야 합니다. 소통이 되지 않는 가족은 서로를 비난하고 책망하게 됩니다. 비난과 책망을 멈추고, 자주 "고마워!"를 외쳐보세요.

"우리 아들이 엄마한테 와줘서 너무 고마워."
"우리 딸, 오늘도 건강하게 잘 지내줘서 얼마나 감사한지 몰라."

서로의 존재에 대해 감사의 마음을 전하기 시작할 때 막혔던 관계가 뚫리기 시작합니다. 처음에는 어색하고 잘되지 않을지라도 자꾸 노력해야 합니다. 그러면 감사는 부메랑처럼 반드시 되돌아와 소통을 가능케 하는 기적을 만듭니다.

4. 솔직하게 마음을 드러내라

마지막으로, 부모는 자신의 마음을 솔직하게 표현해야 합니다. 감정을 나눌 수 있는 관계가 친밀한 관계입니다. 엄마도 아빠도 늘 강할 수만은 없죠. 때로는 힘겨운 순간도 있고, 지칠 때도 있을 것입니다. 그 순간 아이에게 솔직하게 엄마 아빠의 마음을 털어놓아 보세요. 그럴 때 아이는 그저 자신에게 무언가를 강요하기만 하던 부모를 대화의 상대로 인식하게 됩니다.

아이에게 '상처로 남는 엄마의 말' 6가지

애써 아이와 신뢰를 쌓고, 소통의 문을 열었는데 한순간에 이 신뢰를 우르르 무너뜨릴 수도 있습니다. 바로 엄마가 아이에게 상처 주는 말을 던졌을 때인데요. 큰 의미 없이, 무심코 던진 한 마디가 아이의 가슴에 깊은 상처로 남을 수도 있습니다. 다음은 아이와의 신뢰를 무너뜨리고, 상처를 주는 엄마의 말입니다.

1. "엄마 피곤해." "힘들어."

때때로 아이가 말을 안 듣고 제멋대로 굴 때 부모들은 자신도 모르게 이 말을 내뱉게 되지요. 하지만 막연히 "피곤해." "힘들어." 하는 말만으로는 자신의 어떤 행동이 부모를 힘들게 하는지 아이들은 모른 채 지나갈 수 있습니다.

예를 들어 컴퓨터를 그만하라고 말했는데도 아이가 말을 듣지 않을 때는, "엄마 힘들어."라는 말 대신 이렇게 말해보세요.

"엄마가 몇 번이나 말했는데도, 네가 들은 척도 하지 않으니 엄마가 무시당한 기분이 들어. 그래서 마음이 아프고 힘들어."

구체적으로 아이의 행동이 엄마에게 어떤 영향을 미치는지 함께 알려준다면, 서로 상처를 주고받는 일 없이 훈육할 수 있습니다.

2. "안 돼." "하지 마."

부정어와 금지어는 아이의 심리를 옭아맵니다. 세상에 대한 호기심을 품고 새로운 것에 도전하려던 아이들도 엄마의 "안 돼." "하지 마." 하는 부정어와 금지어에 익숙해지면 '어차피 엄마가 또 못하게 할 텐데.'라는 생각에 지레 겁을 먹고 포기하고 맙니다. 그래서 최대한 부정어와 금지어는 사용하지 말아야 합니다.

하지만 경우에 따라 아이의 잘못된 행동을 바로잡기 위해 꼭 금지어를 써야 할 때도 있는데요. 그럴 때는 아이에게 그 이유도 구체적으로 설명해주는 것이 좋습니다. 다만, 부득이하게 금지어를 써야 하는 상황이라면, 화내지 마시고 나즈막히 눈을 바라보며 "안 돼." "하지 마."라고 표현하세요.

3. "너 혼난다." "엄마가 경고했어."

이 말을 들으면 아이들은 두 가지 감정을 느낍니다. 하나는 정말 엄마가 자신을 혼낼지도 모른다는 공포감, 하나는 엄마가 경고한대로 진짜 나를 혼내는지 '두고봐야겠다'는 일종의 반항심과 호기심.

아이를 훈육할 때는 경고의 메시지보다 지금 아이의 행동이 아이와 엄마 둘 모두에게 어떻게 나쁜 영향을 미치는지 차분히 설명해주는 것이 훨씬 효과적입니다.

4. "빨리빨리 좀 해." "얼른 안 할래?"

누군가 여러분에게 무작정 무엇인가를 명령한다면 어떤 기분이 들까요? 어른이 그렇듯 아이도 다른 사람이 시키는 일에 반발심을 느끼고 저항감을 표시합니다. 명령하기보다는 아이가 해야 할 일을 구체적이고 온화하게 말해주는 것이 중요합니다.

예를 들어 책상 앞에 앉기 싫어 뭉그적거리는 아이에게는 "빨리 공부 안 할래?" 하는 재촉의 말 대신, "몇 시부터 시작해볼까?" "언제부터 하고 싶어?" 하고 아이 스스로 기한을 정해 행동하도록 이끄는 것이 중요합니다.

5. "나중에." "이따가."

엄마가 이렇게 말할 때, 아이는 자신의 요구나 질문을 회피하려 한다고 느낍니다. 만약 당장 급하게 해야 할 일이 있거나, 여건이 허락지 않을 때는 엄마의 상황을 충분히 설명하며, 아이의 요구를 바로 들어줄 수 없는 구체적인 이유를 알려주세요.

아이가 용돈을 올려달라고 하는데 생활비가 빠듯하다면 그냥 "나중에." "다음 달에."라는 말로 얼버무리기보다는, 가정 경제의 상황을 대략적으로 설명해주세요. 이렇게 설명해주는 편이 아이의 경제 감각을 키우기 위해서도, 엄마가 막무가내로 자신의 요구를 들어주지 않는 것이 아니라고 납득시키기 위해서도 훨씬 좋습니다.

6. "왜 다른 애들보다 못해?"

우리 엄마들이 무의식중에 많이 하는 말 중 하나가 '남과 비교하는 말'입니다. 친구나 형제와 비교하는 말은 아이에게 '내가 부족하구나.'라는 생각에 좌절감을 느끼게 하고, 엄마를 실망시켰다는 자책감까지 심어줍니다. 비교는 친구나 형제가 아니라, '과거의 아이'와 하는 게 현명합니다.

예를 든다면 이런 식이죠. "한 달 전보다 훨씬 잘했는데?" "지난주에 했던 것보다는 못해서 엄마가 조금 아쉽다."

위와 같은 여섯 가지 부류의 말들은 엄마에 대한 아이의 신뢰를 꺾고, 좌절감을 느끼게 합니다. 부정어, 금지어, 지시어를 사용하기보다는 온화하게, 그러나 할 말은 단호하게 하는 부모가 되어야 합니다. "너를 믿어." "잘할 수 있어." 같은 긍정적인 언어를 사용해 아이의 마음을 격려해줄 때 공부 의욕도 샘솟을 수 있습니다.

이렇게 하나씩 실천하다 보면, 엄마가 무슨 말만 하려고 해도 귀를 막고 등을 돌리던 아이가 어느덧 엄마의 말에 귀를 기울이게 됩니다. 아이와 마음을 열고 대화할 수 있는 단계에 들어섰다면 제2장에서 등장하는 '아이를 공부시키는 말'을 본격적으로 시도해보세요.

point!

- 아이와 신뢰를 쌓는 '소통의 법칙'

1. 먼저 다가가라
2. 더, 자주 대화하라
3. 항상 고마움을 표현하라
4. 솔직하게 마음을 드러내라

- 아이에게 '상처로 남는 말'

1. "엄마 피곤해." "힘들어."
2. "안 돼." "하지 마."
3. "너 혼난다." "엄마가 경고했어."
4. "빨리빨리 좀 해." "얼른 안 할래?"
5. "나중에." "이따가."
6. "왜 다른 애들보다 못해?"

"아이가
많이
뒤처지는데요."

아이에 대한 교사의 평가를 '무작정' 믿지 마라

"똑같이 두 시간을 공부시켰는데 성적은 하늘과 땅 차이네."

"저 아이는 책을 잠깐 들여다보더니 금방 외어버리잖아."

"쟤는 기본만 가르쳐줘도 알아서 응용까지 하는데, 애는 그게
전혀 안 돼."

아이를 가르치는 일은 결코 쉽지 않습니다. 특히 한두 명이 아
닌 여러 아이들을 동시에 가르쳐야 하는 학교나 학원 현장에서 일
하는 선생님들은 '한 시간 한 시간이 전쟁이다.' 싶을 만큼 고되게

교육에 임하고 있습니다. 아이 한 명 한 명에게 관심을 기울이면서 말이죠.

그럼에도 불구하고, 현장의 몇몇 교사들은 이렇게 섣부른 판단을 내리는 경우가 있습니다.

'똑같이 가르쳤는데, 쟤는 왜 안 되지?'

하고 말이죠. 하지만 '똑같이 가르쳤는데' '똑같이 공부했는데'라는 전제부터 문제가 있습니다. 한번 생각해봅시다. <u>같은 반에서 같은 선생님의 수학 수업을 똑같이 들었다고 해서 똑같은 가르침을 받은 것일까요? 수업을 똑같이 다섯 시간 들었다고 그게 과연 똑같이 공부한 것일까요?</u>

아닙니다. 실제 선생님이 똑같은 속도로 강의를 해도 학생의 상태에 따라 그 속도를 빠르다고 느끼는 아이도 있고 느리다고 하는 아이도 있습니다. 모든 부분을 이해한 아이가 있는 반면, 잘 이해하지 못한 부분이 있는데 창피해서 물어보지 못하고 그냥 넘긴 아이도 있을 겁니다. 또한 공부한 시간이 완전히 같다고 해도, 결코 똑같이 공부한 건 아닙니다. 같은 시간에 같은 책을 펴놓고 보낸다고 해도 그 시간에 무슨 일이 일어나는지에 대해선 차마 말로 다 설명할 수 없는 숱한 경우의 수가 있게 마련입니다.

✛

남들의 '한마디'에 무너지지 마라

똑같이 했다, 똑같이 시켰다, 똑같이 가르쳤다, 이 말은 있을 수가 없는 일이기에 해서는 안 될 말입니다. 그러나 사실 이렇게 말할 수밖에 없는 선생님들의 상황도 이해할 필요가 있습니다.

선생님인들 모든 아이를 똑같이 가르치고 싶을까요? 교육 일선에 서 있는 선생님들만큼 아이들 각각의 개성이 얼마나 다른

지, 각자 어떤 과목을 잘하고 못하는지 잘 아는 사람은 없을 것입니다. 하지만 매시간 빡빡하게 돌아가는 수업 일정에, 각종 서류 작업은 또 얼마나 많은지요?

아무리 아이 한 명 한 명의 개성에 맞춰 수업을 준비하려고 해도 결코 쉽지 않습니다. 이런 시간들이 반복되다 보면 어쩔 수 없이 가장 많은 아이들에게 가장 많은 지식을 전달할 수 있는 표준적인 수업 방식을 택하게 되고, 못 따라오는 아이들의 어머니들에게 이렇게 아쉬움을 표하게 되지요.

"수학이 너무 약합니다. 이대로라면 고학년 때는 큰 문제가 될 수 있어요."

"다른 아이에 비해, 암기 능력이 많이 떨어지는 편입니다."

"조금만 가르쳐도 잘 따라오는 아이도 있는데, ○○이는 참 아쉬운 점이 많아요."

이런 말을 들었을 때, 엄마들이 유념해야 할 점이 있습니다.

선생님을 비롯한 타인의 아이에 대한 평가가 결코 절대적인 것은 아니라는 점입니다. 이런 말을 무조건 적으로 받아들이기보다는 아이를 누구보다 많이 지켜봐온 엄마 스스로의 기준을 가지고 믿음을 지켜나가는 것이 훨씬 중요합니다.

학교 선생님이든 학원 선생님이든 선생님의 말을 무조건 무시하라는 말은 아닙니다. 다만, 자신의 아이에 대한 엄마만의 기준이 필요합니다. 누구보다 내 아이를 가장 잘 아는 것은 '엄마'이니까요. 타인의 한마디에 쉽사리 무너지거나, 아이 공부를 포기하진 마세요.

누구보다 내 아이를 가장 잘 아는 것은 '엄마'다

그러나 아쉽게도 많은 학교, 학원에서 선생님들이 아이들에게 말하는 패턴은 이런 식입니다.

1. "야. 공부를 잘해야 출세하고 성공하고 네 꿈도 이룰 수 있는 거야. 그러니까 너도 저 옆에 전교 1등 하는 애처럼 공부 열심히 해봐."

2. "왜 못하는 거니? 넌 참 의욕도 의지력도 없구나."

3. "어머니, 얘는 공부 쪽은 아닌 것 같습니다."

이런 교육을 받는 아이와, 아이에 대한 교사의 평가를 고스란히 받아들인 엄마는 부작용을 겪을 수밖에 없죠.

1. 아이는 기가 죽어 자신의 능력을 과소평가하기 시작한다.

2. 반항을 한다(자신을 저평가하는 사람에게 반감을 가지는 건 지극히 정상적인 일입니다).

3. 엄마는 공부하라는 잔소리를 더욱 늘어놓는다.

4. 엄마는 아이의 능력에 대한 객관적 진단을 받은 경험이 전무하다 보니, 감정적으로 아이를 지나치게 과소평가하거나 근거 없는 과대평가를 반복한다.

당연한 얘깁니다만 아이에 대한 평가는 과대평가도 나쁘고 과소평가도 나쁜 것입니다. 필요한 건 오로지 정확한 평가일 뿐이죠.

우리는 막연히 선생님이 아이의 능력을 평가하면 그 게 맞는 것인 양 믿어버리는 습성이 있습니다. 그러나 원래 능력 평가라는 건 실제 아이의 능력보다, 관찰자 의 관점에 더 크게 휘둘리는 법입니다.

쉽게 말해 아이에게 관심과 애정이 없는 사람이 아이의 능력을 판단할수록 평가가 박하게 나온다는 것이죠. 우리 아이에 대한 교육, 내 아이에 대한 판단을 아무한테나 함부로 맡겨서는 안 되는 이유가 여기에 있습니다.

어떤 한 명의 아이에 대해 가장 정확하게 판단을 할 수 있는 사람은 반드시, 그 아이에 대한 깊은 애착과 관심이 있는 사람뿐입니다. 하지만 학교에서든 학원에서든, 우리 아이는 그저 여러 명 중의 한 명일 뿐입니다. 그런 곳에서 아이를 가르치는 사람들은 아무리 열심히 노력을 해도 한 명의 아이에게는 수십 분의 1밖에는 에너지를 쓸 수가 없습니다. 당연히 한 명 한 명 개개인 그릇의 진정한 크기를 가늠한다는 건 거의 불가능한 이야기죠. 한 아이에 대한 집중적인 관심이 없다면 그 아이의 그릇을 정확히 판별하기란 애초에 어려운 것입니다.

point!

아이에 대한 교사의 평가를 섣불리 받아들이지 마라.
아이에 대한 평가는 실제 아이의 능력이 아니라,
보는 사람의 마음에 달린 것이다.

"뭐하니! 얼른 공부해!"

어떤 말로 아이를 공부시키고 있나요?

아이의 감정 상태는 주의력과 기억력에 큰 영향을 미치는데, 그 중 두려움과 분노는 학습을 방해하는 데 결정적인 역할을 합니다. "이것도 못 풀어?" "아이고, 답답해라." "앞집 애는 척척 100점 받아오던데, 넌 왜 이 모양이니?" 같은 말을 내뱉는 부모 밑에서는 결코 우등생이 나올 수 없습니다.

"공부 좀 해!" 잔소리는 안 할수록 좋다

어른에게도 잔소리는 듣기 싫은 말이다

"공부해라."

"성적을 올려라."

"그런 친구와 어울리지 마라."

"TV 좀 그만 봐라."

"살찌니까 그만 먹어라."

"잘 좀 씻어라." …

아이 공부시키랴, 숙제시키랴 매일이 도 닦는 기분이시죠? 누군가는 그 '도'라는 것을 구체적으로 '냅도'라고 표현하더군요. 누군들 '냅도'의 경지에 이르고 싶지 않아서 그러는 것일까요? 그렇죠? 잔소리를 안 하려고 해도, 막상 아이를 눈앞에 둔 엄마의 입에서는 하루에도 수없이 많은 잔소리가 쏟아져 나옵니다.

'다 아이를 위해서 그러는 거야.' '내 자식이 아니면 나도 상관 안 하지.' '우리 애도 이다음에 커서 자식을 낳으면 내가 왜 그랬는지 이해할 거야.'

이런 생각을 하며 우리 엄마들은 아이들에게 잔소리를 하지만, 사실 그 어떤 이유를 갖다 붙여도 잔소리를 사랑스럽고 아름답게 포장할 수는 없습니다. 누구에게나 잔소리는 듣기 싫은 법이니까요. 따라서 잔소리는 그 빈도를 줄이면 줄일수록 좋습니다.

다만, 꼭 잔소리를 해야 할 경우도 있죠. 기왕 잔소리를 해야 한다면 어떻게 표현하는 것이 좋을까요? 이 방법대로 한번 해보세요.

+

꼭 알아야 할 '잔소리의 기술' 7가지

잔소리에도 기본 원칙이 필요합니다. 우선 부모는 자신의 감정을 잘 이해하고 조절할 마음의 준비를 해야 합니다. 또한 아이의 행동을 나무라기에 앞서 아이의 마음을 먼저 이해하고 공감하며 아이의 행동을 바르게 잡는 것이 중요합니다. 잔소리를 하는 상황과 목적에도 유의해야 합니다.

1. 말하기 전, 감정 조절 먼저 하라

잔소리를 하기 전, 자신의 감정을 먼저 확인할 필요가 있습니다. 감정 상태가 안 좋은 경우 자신도 모르게 목소리 톤이 높아지고 말 속에 짜증이 섞여 있어 단 한마디를 했을 뿐인데도 심한 잔소리로 들릴 수 있습니다. 자칫 행동을 바로잡기는커녕 아이와 감정만 상하고, 사이가 멀어지는 등 나쁜 영향만 미칠 수도 있습니다. 잔소리는 감정을 충분히 가라앉힌 후 평상심이 유지될 때 시작하는 것이 중요합니다.

2. 같은 잔소리, 반복은 그만!

아이가 질색하는 잔소리의 대표적인 특징 중 하나가 이전에 한 번 한 말을 계속 반복한다는 것입니다. 물론 같은 말을 반복하게 되는 엄마의 마음은 저도 충분히 잘 압니다. 혹시나 한 번만 말하면 아이가 잊지 않을까, 알아듣지 못하지 않을까 하는 노파심이 자꾸만 고개를 드는 것을요. 하지만 아이에게 여러 번 말하는 것보다 한 번 정확하게, 딱 잘라 말하는 게 오히려 훨씬 효과적입니다.

3. 어릴 적 기억을 떠올려라

아이를 혼내기 전에, 내가 아이였을 때 부모가 나에게 했던 말이나 행동을 떠올려보세요. 자, 떠올려보셨다면 그때 기분이 어땠는지를 생각해보세요. 엄마가 잔소리를 할 때면 어떤 기분이 들었나요? 또 어떤 말을 들었을 때 좋고 싫었나요? 당시 어떤 생각을 많이 했으며 어떤 감정을 느꼈는지 가만히 기억을 더듬어보세요. 이런 기억들을 안고서 내 아이에게 말을 건네세요. 이전보다 훨씬 더 쉽게 내 아이의 상황을 이해하고 공감하실 수 있을 것입니다.

4. 할 말은 바로바로 하라

아이가 잘못을 저질렀을 때, 어떻게 하시는 편인가요? 혹시 때때로 다른 모습을 보이지는 않나요? 어떤 때는 그냥 넘어가고 어떤 때는 작은 실수에도 그동안의 모든 잘못을 끄집어내어 밀린 잔소리를 늘어놓는다던지…. 이럴 때 작은 실수로 시작된 잔소리는 며칠, 몇 달 전의 잘못했던 일까지 끄집어내 눈덩이처럼 부푼 잔소리를 모두 말하고서야 끝납니다.

이 경우 아이는 엄마가 자신의 어떤 행동 때문에 화가 났는지 정확히 몰라 오히려 당황합니다. 잘못된 행동을 교정할 수 없게 되는 것은 물론이고요. <u>아이가 잘못된 행동을 했을 때는</u> <u>그때그때 혼낸 뒤, 반복하지 않고 깔끔하게 끝내는 게</u> <u>좋습니다.</u>

5. 말하는 이유와 목적을 명확하게!

잔소리하는 이유와 목적을 아이가 확실하게 알 수 있게 말해줘야 합니다. 잘못은 아이가 했으니 잔소리를 듣는 이유에 대해서도 알 거라고 생각하는 엄마도 있는데요. 그러나 그 이유를 정확하게 설명해주지 않으면 아이는 모릅니다. 잔소리하기 전에 항상 잔소리하는 이유를 아이가 이해할 수 있도록 쉽고 명확하게 이야기해주어야 합니다. 그래야 아이도 왜 잔소리를 듣는지 알고 잘못된 행동을 반복하지 않을 수 있습니다.

6. 사람 많은 곳에서의 지적은 이렇게!

백화점이나 대형 마트, 손님이 북적북적한 식당에서 아이가 잘못을 저질렀을 때, 혹시 어떻게 하시나요? 사람 많은 곳에서의 잔소리는 가급적 피하는 게 좋겠지만, 주변 사람들에게 피해를 주면 안 되고, 어느 정도 공공장소에서의 예절을 가르칠 필요도 있기 때문에 아이의 자존감이 다치지 않는 선에서 적절하게 훈육하는 스킬이 필요합니다.

이 경우는 역지사지 화법으로 접근하는 것이 좋습니다.

"네가 밥 먹으면서 엄마랑 얘기하고 있는데, 누가 그렇게 옆에서 막 시끄럽게 떠들어서 엄마 말 하나도 안 들리고 그러면 기분이 어떻겠어?"

"너 지하철에서 잠자는데 누가 옆에서 떠들어서 잠 못 자면 어떻게 되겠어?"

혼을 낼 때 중요한 건 왜 혼이 나야 하는지 그 이유를 납득시키는 것입니다. 그렇기 때문에 모든 지적 스킬의 모범 답안은 역시 역지사지 화법입니다.

7. 짧고 굵게 말하라

말하고자 하는 이야기는 최대한 짧아야 합니다. 잔소리의 목적은 아이의 잘못된 행동을 바로잡기 위한 것이기 때문에 짧게 해야 아이가 그 주제를 명확하게 기억할 수 있습니다. 10분, 20분, 말이 길어지면 어느 순간 아이는 '이 지겨운 잔소리가 언제 끝날까?' 하며 딴생각을 합니다.

아이는 부모를 위해 사는 존재가 아닙니다. 그러므로 스스로 행복할 수 있는 아이로 키워야 합니다. 잔소리를 통해 아이의 생각이나 행동, 판단을 조정하려고 하면 아이는 결코 스스로 행복해질 수가 없습니다. 자기 기준이 없는 아이는 부모의 기준에 맞춰 수동적으로 살아갈 수밖에 없죠. 꼭 필요한 경우 이외에는 가급적 잔소리를 줄여나가도록 노력해야 합니다.

point!

· 꼭 알아야 할 잔소리의 기술

1. 말하기 전, 감정 조절 먼저 하라
2. 같은 잔소리, 반복은 그만!
3. 어릴 적 기억을 떠올려라
4. 할 말은 바로바로 하라
5. 말하는 이유와 목적을 명확하게!
6. 사람 많은 곳에서 지적은 아이의 자존감이 다치지 않게!
7. 짧고 굵게 말하라

진단 2

"어쩌려고 그러니."
냉소만 부르는
압박식 자극법

근거 없이 자존심만 자극하는 건 인격 모독이다

엄마가 아이에게 공부를 하라며 던지는 말은, 때로 아이에게 큰 상처를 줍니다. 무의식중에, 홧김에 자신도 모르게 던지는 한마디가 아이에게는 인격 모독처럼 느껴지는 것이죠. 이런 말들을 듣는다고 아이가 과연 공부를 열심히 할까요? 아이의 공부 습관 개선에 효과가 있을까요?

예를 들어 정말 가고 싶지 않았던 해병대 캠프에 억지로 끌려가는 아이가 있다고 해봅시다. 그곳의 교관은 고된 훈련을 시키면서 이렇게 아이를 자극합니다.

"이런 것 하나 술술 못해내면서 인생을 어떻게 살아나갈 수 있겠나? 어?"

"이걸 못해내는 놈은 앞으로의 인생도 근성 없이 패배자로 살 수밖에 없다. 자 어서 기어서 통과해!"

과연 이런 말들이 아이들의 정신 교육에 효과가 있을까요? 많은 아이들이 이런 억지 발언에 거부감을 느끼고 이런 생각을 한다고 합니다.

'웃기시네.'

이와 같은 근거 없는 강요에 반발하는 아이는 세상에 아주 많습니다. 문제는 해병대 캠프에 있는 것도 아닌데, 공부를 위와 같이 시키는 부모가 너무 많다는 것이고, 거기에 대해서 '웃기시네.'라는 냉소를 보이며 반발하는 아이가 많다는 것입니다.

심리, 감정, 사고, 가치관. 이 네 가지는 절대 말로 강요한다고 바꿀 수 있는 것이 아닙니다. 이 가장 기본적인 사실도 모르는 채, 아이를 훈육하는 행동은 매우 위험한 일입니다.

말로 강제하는 방법은 눈에 보이는 것들을 성취해야 하는 군대에서는 가능할지 모릅니다. 그러나 가정에서는 아이를 존중하며, 아이 스스로 움직일 마음의 변화를 이끌어내야 합니다. 이때 아이를 존중한다는 것은 요구를 다 들어주고, 감정을 전부 표현하게 해주며, 어떤 행동이든 자유롭게 하도록 둔다는 의미가 아닙니다. <u>존중은 아이의 생각, 감정, 행동 중에서 '감정을 인정해주는 것'이 핵심입니다.</u> 아이들은 어른에 비해 미숙하기 때문에 논리적으로 생각하거나 합리적인 결정을 내리지 못합니다.

이를테면, 아이들은 스마트폰 게임이 재미있다는 것만 알 뿐 오래하면 어떤 일이 생기는지 알지 못합니다. 누군가가 제지하지 않으면 무한정 갖고 놀려고 하겠지요. 따라서 스마트폰을 갖고 놀 수 있는 시간을 정하는 것은 아이가 아닌 부모가 되어야 합니다.

이처럼 부모는 아이의 생각이나 논리에 귀를 기울일 수는 있으나 아이의 의견을 그대로 따르는 것은 결코 바람직하지 않습니다. 아이의 생각과 행동을 바르게 이끌기 위해서는 부모 역시 나름의 기준을 가지고 적절히 통제하는 게 필요합니다. 그렇다면 부모는 아이를 훈육할 때 특히 어떤 점에 주의해야 할까요?

✦

부모가 잘못하고 있는 행동 유형

'나는 이런 엄마가 아니겠지.'

'아이를 상처주는 저런 잔소리, 나는 안 하고 있으니까 괜찮아.'

혹시 이렇게 안도하고 있지 않으신가요? 정말 그럴까요?

다음은 뜻하지 않게 아이에게 잘못을 저지르고 있는 부모의 행동 유형입니다. 자신이 속하지는 않는지 체크해봅시다.

유형 1. 비난형 부모

"네가 항상 그런 식이니까 성적이 이 모양이지."

"너한테도 노력 안 한 잘못이 있어."

이런 식으로 아이를 책망하기만 하면 아이는 자신이 가치 없는 존재라고 여기게 되어 상처를 받습니다. 아이의 입장에서 아이의 마음을 사려 깊게 살필 줄 알아야 합니다.

유형 2. 권위형 부모

"그 정도밖에 못하니? 그럴 거면 그만둬!"

"엄마 지금 화났어! 얼른 책상 앞에 앉아."

이렇게 말하는 부모들은 정해준 규칙에 맞추어 아이가 행동하도록 통제하고 명령하려고 하기 쉽습니다. 아이들은 이런 부모의 말에 순응하기보다는 반발심을 갖거나, 자신에 대한 거절로 받아들여 좌절감을 경험하게 됩니다.

유형 3. 보호형 부모

"엄마가 다 알아봤어. 이 학원이 제일 좋대!"

"수행평가가 너무 어렵니? 엄마가 선생님한테 말해볼까?"

이런 식으로 말하는 부모의 유형은 사실 아이의 능력을 과소평가하는 경우가 많습니다. 아이의 능력이 다른 아이보다 부족하다고 생각한 나머지, 아이를 지나치게 걱정하고 보호하려 하는 것이지요. 자신을 과보호하며 간섭하는 부모 아래서 자란 아이들은 자신감을 잃고, 작은 문제에도 불안에 떨게 됩니다.

✛

부모가 지녀야 할 바람직한 대화 자세

일본의 유명 카운슬러인 아오키 마사미쓰는 아이와 대화를 나누기 전에 먼저 부모가 바람직한 대화 자세를 갖춰야 한다고 강조했습니다. 혹시 앞 단락에서 '잘못된 부모의 행동 유형'에 해당되는 것 같아 마음을 졸이고 있다면, 다음 내용을 숙지해보세요.

Tip 아이를 위한 부모의 대화 자세

1. 아이의 취향과 또래 문화를 이해하려고 노력하세요.

2. 부모가 성취에 따라 아이를 평가하면 할수록, 아이는 부모를 '속물'로 여기거나 인격적으로 낮게 평가하는 경향을 보입니다.

3. 아이의 행동이 탐탁지 않더라도 아이의 감정을 이해하고 비판하지 않도록 노력합니다.

4. 부모의 강요가 아닌 아이 자신의 선택에 따라 움직이도록 격려해주세요.

5. 아이들이 가족의 의사결정에 참여할 수 있도록 하고, 부모와 함께 가족문제를 해결해나갈 수 있도록 격려합니다.

6. 아이는 언젠가 부모로부터 독립해야 합니다. 그러기 위해 부모의 견해와 행동 방식에 도전할 필요가 있음을 이해하세요.

7. 아이가 대화를 원할 때는 진지하게 귀를 기울여주세요. 대화하면서 책을 보거나, 텔레비전을 보거나, 다른 일을 하지 않도록 합니다.

8. 자녀의 관점을 듣고 이해하기 위해서 조용히 귀를 기울이고 집중해주세요.

9. 내 아이이지만, 때로는 낯선 사람에게 말하듯 정중하고 상냥하게 말하는 자세가 필요합니다.

10. 아이의 생각과 견해를 비판하기보다는 잘 듣고서 가능한 한 분명하게 의견을 들려주며 아이가 대화에서 새로운 생각들을 시험해볼 수 있도록 합니다.

11. 어떤 주제에 대해서도 마음을 열어두세요. 그러면 아이는 자연스럽게 부모를 무슨 문제든 의논할 수 있는 상대로 여깁니다.

12. 아이를 모욕하거나 우습게 보지 않도록 주의하세요. 순진하고

어리석은 질문과 말이라고 생각되더라도 존중해줘야 합니다.

13. 아이를 자주 그리고 적절하게 칭찬하려고 노력하세요.

14. 부모와 아이 사이의 대화에서 가장 중요한 것은 언어의 성실함입니다. 즉, 거짓말을 해서는 안 됩니다.

15. 아이가 하는 말을 듣고 부모의 생각을 정확하게 전달하고자 하는 노력이 있어야 합니다. 즉, 아이가 이해할 수 있는 말로 부모의 의사를 전달하고, 돌아오는 반응 또한 정확하게 받아들이는 것이 중요합니다.

✛

부모가 존중해줄 때, 아이는 '용'이 된다

"아니 도대체 뭐가 부족해서 하라는 공부는 안 하고 딴짓만 하는지 모르겠어요."

부모가 아이에게 무엇을 해주어야 하는지 놓치고 헤매는 부모들일수록 이런 아우성을 칩니다. 반면에 의도하지 않았지만 높은 교육 효과를 거두는 부모들은 이렇게 말합니다.

"저는 별로 해준 게 없는데 알아서 열심히 해주니 늘 고맙고 미안할 따름이네요."

역설적이게도 아이를 위해 자신은 최선을 다하고 있고, 헌신하고 있다고 생각하는 부모는 아이를 탓하는 반면에, 무능력한 부모라는 생각에 늘 미안한 마음을 갖고 있는 부모는 오히려 자식을 자랑스럽게 생각하는 것입니다.

아이에게 쏟아붓는 너무 과한 기대나 노력은 대부분의 경우 아이에게 독이 됩니다. 아이는 자신의 꿈을 실현하기 위해 스스로 노력하는 것이 아니라 부모의 감정이 무서워 수동적으로 공부하게 됩니다. 부모의 화를 피하고 칭찬을 받기 위해 공부하는 것이죠.

아이를 무리하게 몰아붙이기보다는, 지금 아이의 마음이 어떤지, 어떤 상황에 빠져 있는지 자세히 들여다보고 존중해주는 부모 아래에서 아이는 활짝 능력을 펼칩니다. 훨훨 나는 '용'이 됩니다.

point!

근거 없이 자존심만 자극하는 건 인격 모독이다.
아이를 몰아붙이기보다는, 진정으로 이해하고 존중해줄 때
아이는 비로소 능력을 활짝 꽃피운다.

"시키는 대로 해!"
아이의 자존감을 꺾는 말
vs 살리는 말

자존감 높은 아이가 공부도 잘한다

"만약 공부를 해서 성적이 오를 수만 있다면 열심히 공부하겠지만, 공부를 열심히 해봤자 성적은 오르지 않을 거예요. 그래서 공부하고 싶지 않아요."

최근 제가 만나 상담한 현석이는 자신이 정말로 공부를 잘할 수 있을 거라는 믿음을 갖고 있지 않았습니다. 자신이 공부를 잘 못하는 사람이라고 믿고 있었기 때문이죠. 이처럼 현석이가 공부를 싫어하거나 못하는 이유는 다름 아닌 '낮은 자존감'에 있었습니다.

자존감이란 교육학적으로 긍정적인 자아상을 의미하고, 사전적으로는 "능력이나 조건에 상관없이 자신만이 지닌 특별한 가치에 대한 인식이며, 자기 스스로를 가치 있다고 여기며 소중히 생각하는 것"을 말합니다.

<u>공부를 싫어하는 아이들의 공통적인 특징은 자존감이 낮다는 것입니다. 자존감이 낮은 아이는 매사에 부정적입니다.</u>

"나는 공부해봤자 안 돼."

"노력해봤자 안 될 거야."

"해봤자 되는 일이 하나도 없어."

반면에 자존감이 높은 아이는 매사에 자신감이 넘칩니다. 물론 공부에 대해서도 마찬가지입니다. 어떤 어려운 문제에도 겁먹거나, 포기하지 않고 굳은 의지로 해결해나갑니다. 결국, 자존감이 높은 아이가 공부도 잘하는 것입니다.

+

우리 아이의 자존감은 몇 점?

그렇다면 우리 아이의 자존감은 어느 정도일까요? 높다고 생각

하시나요? 아니면 낮을 거라고 보시나요? 다음은 EBS 프로그램

'60분 부모'에 등장했던 아이를 위한 '나의 자존감 테스트'입니다.

아이가 평소 자신이 생각해온 대로 O, X에 체크할 수 있도록 도

와주세요.

체크를 마친 뒤에는 동그라미의 개수를 점수로 바꿔주세요. 한

개당 1점입니다. 총점이 나오면 결과표를 확인해보세요. 상황별

로 아이의 공부 습관을 키우는 부모의 말하기 비법을 알려드립

니다.

아이의 자존감 테스트

아이에게 평소 생각대로 ○, ×에 체크할 수 있도록 도와주세요.

	○	×
1. 지금과 다른 내가 되었으면 한다.	☐	☐
2. 반 친구들 앞에서 말하는 것이 두렵다.	☐	☐
3. 집에서 자주 화를 낸다.	☐	☐
4. 새로운 것에 적응하는 데 많은 시간이 걸린다.	☐	☐
5. 다른 사람이 하자는 대로 잘 따라한다.	☐	☐
6. 때때로 내 자신이 싫어질 때가 있다.	☐	☐
7. 학교에서 당황할 때가 자주 있다.	☐	☐
8. 집을 나가고 싶다는 생각을 자주 한다.	☐	☐
9. 다른 아이들에 비해 내 얼굴은 못생겼다.	☐	☐
10. 나는 다른 사람에게 좋은 느낌을 주지 못하는 것 같다.	☐	☐
11. 나에 대한 다른 사람의 기대가 너무 큰 것 같다.	☐	☐
12. 학교에 가고 싶지 않다는 생각을 자주 한다.	☐	☐
13. 나는 믿을 만한 가치가 없는 아이다.	☐	☐
14. 무슨 일이든 쉽게 결정할 수 있다.	☐	☐
15. 친구들과 잘 어울린다.	☐	☐
16. 동생(형·오빠)들이 내 말을 잘 듣는다.	☐	☐
17. 하고 싶은 말이 있으면 곧바로 말한다.	☐	☐
18. 내 자신을 믿는다.	☐	☐
19. 가만히 생각해보면 나는 아주 재미있는 아이다.	☐	☐
20. 무슨 일이든 괴로워하거나 힘들어하지 않는다.	☐	☐

- **17점 이상** 자존감이 높아, 능동적으로 공부를 하고 원하는 진로를 찾아나갈 수 있습니다.

스스로 공부하는 습관을 만들기 위한 '엄마의 말'

- 최상위 0.1% 공부법 따라 하게 하기

  ➡ "오늘 배운 내용은 오늘 정리해볼까?"

- 최고의 공부 습관 만들어주기

  ➡ "하루 중 노는 시간과 공부 시간을 구분해보자."

- 학습 효율을 극대화하도록 돕기

  ➡ "공부 시간표를 작성하고 그대로 실천해보면 어떨까?"

- **12~16점** 보통의 자존감을 갖고 있어, 엄마가 조금만 도와줘도 공부 습관이 쑥쑥 붙습니다.

- 시간표를 작성하게 하기

  ➡ "그날그날 공부 목표량을 정해놓고 실천하자."

- 수업 시간에 집중할 수 있도록 하기

  ➡ "수업 시간이 사실 그렇게 긴 건 아니거든. 프로 게
  이머들은 10시간 연습도 집중해서 하는데, 50분 정
  도는 집중할 수 있어야 나중에 어떤 직업, 어떤 일
  을 해도 잘할 수 있을 거야."

- 최적의 공부 환경 만들어주기

  ➡ 공부에 불필요한 물건은 일단 박스에 넣어서 밖으로
  옮겨두자."

- 함께 공부 방법을 고민하기

  ➡ "공부할 때 뭐가 제일 힘드니? 엄마한테 얘기해봐."

- **11점 이하** 자존감이 낮아, 잘 챙겨주지 않으면 공부를 포기

하기 쉽습니다.

스스로 공부하는 습관을 만들기 위한 '엄마의 말'

• 숙제부터 하게 하기

　➡ "그날 숙제는 반드시 그날 해결하자."

• 책상 앞에 앉는 훈련시키기

　➡ "의자에 딱 30분만 앉아서 공부해볼까?"

• 작은 계획 실천하도록 돕기

　➡ "문제 풀 게 너무 많니? 그럼 줄여서 다섯 개라도 풀

어보자."

✛

아이의 자존감을 꺾는 말 vs 살리는 말

엄마들은 흔히 비교하는 말로 아이들을 자극해서 자신의 가치

를 존귀하게 여기지 못하도록 압박합니다.

"다른 애들도 100점 맞았니?"

"이번에도 걔가 또 1등 했지?"

이런 말은 아이들의 자존감 형성을 방해합니다. 그렇다면 어떤 말이 아이의 자존감을 높일 수 있을까요?

<u>"네 개나 맞았네! 정말 잘했어!"</u>

<u>"엄마 아빠한테는 네가 얼마나 소중한 아이인데. 절대 잊지 마. 누구도 널 함부로 대하게 해선 안 돼."</u>

긍정적인 언어는 긍정적인 사고를 불러일으킵니다. 그런 면에서 하버드대 조세핀 김 교수의 어머니는 훌륭한 모범을 보인 분입니다. 초등학교 시절, 조세핀은 학교 시험에서 40점을 받아왔습니다. 어머니는 부글부글 끓는 속을 누르며 어린 조세핀에게 "네 개

나 맞았네!"라며 격려했습니다. 심지어 조세핀을 꾸짖을 때도 "이 복 받을 녀석아!" 하고 말했다고 합니다.

기를 북돋우는 어머니의 긍정적인 말은 7년 후, 조세핀을 모든 과목에서 A학점을 받으며 조기 졸업을 하게 만들었습니다. 어머니는 조세핀에게 잘할 수 있다는 자신감을 심어준 것입니다.

한편으로 하버드대 총장이자 경영학 교수였던 킴 클라크 교수의 어머니는 언제나 아이에게 자신의 특별함을 일깨워주며 바깥에 나가서도 스스로 존귀하며 영향력 있는 사람임을 느끼게 해주었습니다. 덕분에 킴은 무슨 일을 하든지 자신이 누구인지 잊지 않고, 놀라운 에너지와 열정을 끌어내 현재에 이르렀습니다.

아이는 부모의 역할에 따라서 '나도 할 수 있어.' '내가 이만큼 해냈어.'라는 자신감을 갖게 됩니다. 이때 부모의 남과 비교하는 말이나 과잉보호는 아이의 자존감을 무너뜨리는 치명적인 독이 됩니다. 아이 스스로 자신의 가치를 높일 수 있게 하려면 스스로 성공할 수 있는 기회를 많이 주는 부모가 되어야 합니다. 결국 아이가 자존감을 키울 수 있도록 긍정적인 말을 지속적으로 해주는 부모가 '좋은 부모' 입니다.

point!

자존감이 높은 아이가 공부도 잘한다.
아이 스스로 자신감을 가질 수 있도록, 남과 비교하는 말이나
과잉보호는 절대 삼가야 한다.

"네 미래를 위해서야." 아이는 가정법으로 움직이지 않는다

"아이가 의자에 앉기를 싫어해요."

공부 안 하는 아이에게 억지로 공부를 시키려다 보면 처음 돌아오는 반응은 이런 겁니다.

"공부는 왜 해야 해?"
"왜 내가 그걸 잘해야 하는데?"

보통 이런 의문을 제기하면 엄마들은 "공부를 하면 ○○○에 좋아."라는 식으로 정말 액면 그대로의 대답을 해주려고 합니다. 뒤에서 공부해야 하는 이유를 가장 효과적으로 말해주는 방법도 다룰 것입니다만, 많은 교육 전문가와 엄마들이 이렇게 말하는 실수를 저지릅니다.

"좋은 대학에 가는 게 먹고사는 데 유리해." ➔ 현실론

"공부는 네 꿈을 이뤄주는 밑바탕이 된단다." ➔ 이상론

"하기 싫은 일도 참고 해 버릇해야지. 하고 싶은 일만 하고 사는 사람이 어디 있니? 끈기를 기르자." ➔ 훈련론

"무슨 일이든지 늘 최선을 다해야 훌륭한 사람이 되는 거야." ➔ 인격론

"공부를 하면 지식이 쌓이잖니." ➔ 지식론

이렇게 정리해놓고 보니 어떠신가요? 이런 말들로, 우리 아이들이 왜 공부를 해야 하는지 납득할 수 있을 것 같나요? 그렇지 않다는 걸, 모두 느끼고 계실 겁니다. 이런 말들은 동기부여 차원에서 너무나도 효과가 없는 이야기입니다.

+

아이를 지치게 하는 엄마의 말

입장을 바꿔 생각해보면 됩니다. 아이들 역시, 이런 말을 들으면 "지겨워 죽겠네. 또 그 소리야?" 하겠지요. 아이의 공부 의욕을 끌어내는 말은 동기부여 효과가 있는 것이어야 하지, 지겹고 짜증스러운 역효과를 이끌어내서는 안 됩니다.

아무리 어린 아이라도 그 지적 수준을 우습게 보면 안 됩니다. 제가 지금껏 만났던, 아이에게 제대로 동기부여를 하지 못한 엄마들은 백이면 백 아이의 지적 수준을 높게 보지 않는다는 문제점이 있었습니다. 나와는 다른 객체를 움직이게 만드는 제1의 선결 조건은 절대 상대방의 지적 수준을 무시하지 않는 것입니다.

열정이니, 꿈이니, 세상이 어렵니, 취업이 어쩌니 하는 상투적 문구로 타인을 움직이려 드는 사람은, 그냥 상대방의 지적 수준을 높게 생각하지 않기 때문에 그런 식의 방법을 취하는 것입니다. 공부하면 꿈을 이룰 수 있다? 공부하면 돈 벌고 취업도 잘할 수 있다? 아이의 입장에서는 전혀 와닿지 않는, 딴 세상 이야기일 뿐입니다.

어차피 인간은 '이유'로 움직이는 존재가 아니기 때문에 그런 소리를 해봐야 돌아오는 아이의 반응은 냉소와 짜증밖에 없을 것입니다. 그렇게 아이는 점차 공부에 거부감을 느끼고, 멀리하게 됩니다.

아이는 가정법으로 움직이지 않는다

"너는 하기만 하면 잘할 수 있어."라는 아무 의미 없는 가정법 대화보단, "너는 안 하면 안 되는 아이야."라는 말이 훨씬 현실적으로 아이에게 임팩트를 줄 수 있는 말입니다.

> "너는 하기만 하면 잘할 수 있어."

> "너는 안 하면 안 되는 아이야."

'노력하기만 하면 잘할 수 있다.' 같은 뜬구름 잡는 식의 말보다는 '안 하면 안 된다.' 쪽이 훨씬 에누리 없는 진실이기 때문입니다. 실현 가능성으로 놓고 보면 오히려 이쪽이 훨씬 정확한 이야기지요. 세상에 아무리 열심히 해도 실패하는 사람들은 많고 많은 반면에, 손 하나 까닥 안 했는데 잘되는 사람의 숫자는 정말 별로 없지 않나요?

　우리 아이가 제대로 된 노력과 행동력을 구현해나가길 바란다면 "너는 잘할 수 있어." "네게는 공부 재능이 있단다." "너는 머리가 좋은 애야." 같은 근거 없는 가정에 기반한 말은 멈춰야 합니다. 사람의 두뇌와 재능은 개발도 되고 퇴화도 될 수 있는, 매우 유동적인 것입니다. 자존감이 무너지는 것보다 더 안 좋은 것이 어설픈 가정에 의해 만들어지는 '막연한 희망'과 '방심'이라는 사실을 잊지 말아야 합니다.

　오히려 정반대로 "너는 하지 않으면 절대 안 되는 아이야."라는 말을 수시로 해주세요. 그리고 많은 부모님과 아이들이 '행동량'의 중요성을 간과합니다. 조금만 해도 성적이 오를 것 같고, 요행이 따르면 무리 없이 합격할 수 있을 거란 기대를 내면에 간직하고 있습니다.

그러나 대부분의 평범한 사람들은 절대 그렇게 살 수 없습니다. 모든 성공의 왕도는 '행동량'입니다. 저소득층 가정에서 태어났지만 훗날 스타벅스를 세계적인 기업으로 키운 하워드 슐츠 역시 같은 행동을 반복해서 실행하는 습관, 즉 절대적인 행동량 덕분에 성공할 수 있었다고 밝혔습니다.

"나의 어머니는 항상 이런 질문들을 끊임없이 하셨습니다. '오늘 밤에는 어떤 공부를 할 거니? 내일은 뭘 할 거니? 시험 준비는 다 했니?' 그런 격려와 질문 덕분에 나는 항상 목표를 세우고 반복해서 행동하는 습관을 갖게 됐습니다."

<u>좋은 공부 습관은 얼마나 어려운 내용을 얼마나 많이 하느냐에 달려 있는 게 아니라 같은 행동을 지속적으로 반복할 수 있는지에 달려 있습니다.</u> 매일 반복하다 보면 '왜 이걸 해야 하지? 놀고 싶은데…'라는 갈등이 줄어들고 자기도 모르는 사이에 같은 행동을 반복하게 됩니다. 누가 시키지

않아도 알아서 공부하는 행동은 이런 반복과 훈련 끝에 만들어지는 것입니다.

일단 습관이 된 행동은 개인의 의도에 더 이상 영향받지 않습니다. 아이가 자기 역할을 제대로 하고 탁월한 사람이 되기를 바란다면 반복해서 잔소리를 할 게 아니라 목표에 도달하게 해주는 좋은 행동을 습관화하도록 도와주어야 합니다. 그렇게 아이가 놀고 싶은 마음을 절제하고 시간을 아끼며 조금이라도 더 공부하려고 할 때, 성적은 상승하고 목표 달성은 가까워집니다.

point!

**뜬구름 잡기식의 동기부여는 아이에게 통하지 않는다.
차라리 '안 하면 안 된다.'식의 현실성 있는 말이
훨씬 효과적이다.**

"내 맘을 알아줘서 고마워요, 엄마!"

아이의 상황별 · 문제별 해결책

아이의 성격은 상황에 따라 시시때때로 바뀝니다. 의기소침했다가, 산만했다가, 고집을 부렸다가, 감성이 풍부해졌다가… 아이 한 명 키우는 데도 어찌나 매일 기분과 감성이 달라지는지요. 또한 아이의 개성에 따라 고민거리도 각양각색입니다. 온종일 게임만 하는 아이, 영어나 수학 같은 특정 과목을 싫어하는 아이… 정말 고민이 많으시지요? 3장에서는 아이의 성격별 · 문제별로 해결을 돕는 '엄마의 말'을 소개합니다.

'산만할 때' '의기소침할 때' 어떻게 말해야 할까요?

아이의 상황에 따른 엄마가 해야 할 말

"우리 딸은 항상 내성적입니다."

"우리 아들 성격은 하루 종일 너무 활발해요."

혹시 아이들의 성격을 이렇게 단정 지으실 수 있으신가요? 대개 아이들의 성격을 한마디로 단정 짓곤 하지만, 사실 우리 아이들의 성격은 상황에 따라 시시때때로 바뀝니다. 의기소침했던 아이가 다음 날 활달해지기도 하고, 오전엔 무엇 하나에 집중하지 못하고 산만했다가, 오후엔 뛰어난 몰입력을 보이며 고집을 부리기도 합니다.

이토록 다른 아이들의 특성은 나름대로 장점과 단점을 가지고 있습니다. 일반적인 학습 지도도 중요하지만, 이런 방법은 개인이 가진 특성이나 성격적인 요인들을 무시할 수 있어 오히려 효과가 떨어집니다.

반대로 아이가 보이는 성격적 특성의 장점을 활용해 아이들의 개성에 맞는 학습 지도를 해보면 어떨까요? 일반적인 공부 방법을 강요하는 것이 아이의 유니크한 장점까지 저해할 수 있으므로, 아이의 성격적 특성을 고려해 자신의 장점과 잠재력을 활용할 수 있도록 돕는다면 자연스럽게 성적도 향상될 수 있습니다.

✚

아이가 의기소침하고 내성적일 때 ➔ 부추기는 말은 오히려 독!

아이가 의기소침하고 내성적적일 때, 이를 고치기 위해 다음과 같은 말로 부추기거나 꾸짖는 행동은 좋지 않습니다.

"힘을 좀 내봐."

"시험 잘 볼 거야."

"괜찮아, 넌 할 수 있어."

"그렇게 수줍음을 많이 타서, 발표는 제대로 하겠니?"

아이가 뭔가에 소극적이고 내성적으로 나올 때는 꾸중을 들으면 더 쉽게 위축되고, 부추기는 말은 오히려 부담이 될 수가 있습니다. 이런 경우 이렇게 말하는 편이 효과적입니다.

"그런 상황에선 엄마라도 그랬을 거야."

"이번 시험 많이 어려웠지? 엄마도 떨렸어."

먼저 다정한 말로 아이의 마음을 다독여준 다음, 아

이로 하여금 자신 있게 행동할 수 있는 자리를 마련해 주세요. 그게 훨씬 효과적입니다.

적극적이고 긍정적인 방식이 늘 통하는 것은 아닙니다. 위로가 필요할 때는 그저 위로만 해주세요. 아이의 마음이 받아들일 준비가 되지 않은 상태에서 맹목적인 동기부여는 독이 됩니다. 아이는 점점 공부에 흥미를 잃고 나중에는 자신감마저 잃어, 아는 것마저 대답하기 꺼려하는 경향을 보이게 되는 것이지요. 대인관계를 힘들어할 때는 혼자 충분히 생각할 시간과 공간을 마련해주는 것이 더 바람직합니다.

또한 아이가 의기소침한 채로 공부를 하거나 책을 읽고 있을 때는 엄마가 이것저것 참견하면 싫어하므로 하고 싶은 대로 하게 내버려두고 친구들 관계도 엄마가 지나치게 참견한다는 느낌을 주지 않는 것이 좋습니다.

아이가 고집을 부리거나 활달할 때 ➡ 과정을 칭찬하는 말이 중요!

아이가 활발할 때는 사고도 자유롭게 열려 있습니다. 계획대로 움직이는 것을 싫어하고 틀에 짜인 생활도 답답해하죠. 이럴 때는 시간 관리가 잘 안 되어서 애를 먹기도 하지만, 닥치면 나름대로 열심히 해서 결과를 낼 수 있다는 특징이 있습니다.

이럴 때 아이는 대개 정리정돈을 제대로 하지 않고 흐트러진 상태에서 만족해하며 지내다가 어느 순간 날을 잡아 한꺼번에 정돈하는 습관을 가지고 있습니다. 가끔 틀에 짜인 생활에 스트레스를 받아 탈선할 수도 있는 성향입니다. 그러므로 사사건건 야단치는 것보다 그런 성격적 특성을 존중해주고 너무 틀에 짜여 반복된 생활을 하지 않도록 적당한 구실을 찾아 숨을 틔워주는 지혜가 필요합니다.

"네가 집중력 있게 공부하는 모습을 보이는 것만으로도 이미 성공이야."

"암기 과목은 벼락치기가 효과 있었지. 수학은 암기 과목보다 조금 부족했지만 그래도 벼락치기라도 네가 노력을 했다는 것을 엄마는 칭찬하고 싶어. 다음에는 조금만 더 미리 준비를 시작해 보자."

또한 결과보다는 노력했던 과정을 더 중요시 여기는 것이 바로 '엄마의 일관된 경향'이라는 사실을 아이가 느낄 수 있도록 해주어야 합니다. 어디까지나 결과가 아닌 '과정' 내에서 잘한 것과 못한 것을 적절하게 평가해주면 절대 학습 의욕은 사그라들지 않을 것입니다.

아이가 다른 사람에게 관심이 많을 때 ➜ 칭찬이 정답!

아이가 산만할 때처럼 또 다른 유형으로 공부에 집중을 못하는 케이스입니다. 또한 인간적인 면들에 관심이 많아, 상호작용 및 다른 사람의 의견도 중요시하기 때문에 비판적인 말을 듣게 되면 의기소침해지기 쉽습니다. 이런 상황 속에 있는 아이들에게는 칭찬이 정답입니다.

> "또 어딜 보는 거야? 왜 이렇게 집중을 못하니?"

⬇

> "이것도 한번 봐봐! 이 문제는 어때?
> 어려워도 풀어볼 만하지 않아?"

혼을 낼 때에도 칭찬을 먼저 시작한 후 잘못된 부분

들을 지적하고, 다시 마무리는 꼭 칭찬으로 끝내야 합니다. 공부 계획을 짤 때에도 칭찬을 함께 해주면서 "계획을 잘 지키면 푸짐한 보상을 같이 주겠다."라고 말하면 아이가 더욱 공부에 집중할 수 있게 됩니다.

✚

아이가 호기심이 많고 산만할 때 ➡ 귀를 여는 것이 포인트!

아이들이 산만할 때 나타나는 문제점은 지속적인 공부가 힘들다는 것입니다. 따라서 이럴 때는 자연히 엄마들도 잔소리를 굉장히 자주하게 되는데요. 아이의 엉뚱한 행동이나 생각을 무시하거나 핀잔을 주면 아이가 상처를 입게 되므로, 그 생각을 존중해주고 귀담아 들어주는 부모의 자세가 필요합니다. 그렇지 못하면 이런 순간의 아이들은 현실에 잘 적응

하지 못하고 열등감에 사로잡힐 가능성이 있습니다. 잔소리는 최대한 줄이고, 아이의 의견을 잘 들어주는 것만으로도 충분합니다.

이런 순간에 처한 아이들의 경우에는 설명하는 학습 방법보다는 다양한 활동을 하며 공부하는 방법이 효과적입니다. 하루 공부 시간 목표를 국어 1시간, 수학 1시간으로 두었다면, 국어 30분, 수학 30분, 다른 일 좀 하다가 다시 국어 30분, 수학 30분으로 나누는 것도 좋은 방법입니다.

또한 반복 학습보다는 '예습'이 훨씬 효과적입니다. 배운 것을 반복하는 일을 싫어하므로 차라리 다음에 배울 내용의 전반적인 흐름을 미리 학습시키는 것이 바람직합니다.

point!

상황에 따라 아이가 보이는 특성을 고려해
맞춤식으로 대응한다면, 아이는 자신의 장점과 잠재력을
최대한 활용할 수 있게 되고, 자연스럽게 성적은 향상된다.

게임에 빠진 아이,
어떻게
공부하라고 할까요?

'컴퓨터와 스마트폰을 버릴까?' 게임 중독에 빠진 우리 아이

"수업이 끝나면 친구들과 PC방에 가요. '1시간만 스트레스를 풀어야겠다.' 생각하고 컴퓨터 앞에 앉지만 게임에 집중하다 보면 서너 시간은 훌쩍 지나가죠. 결국 공부는 포기하고 밤늦게까지 게임만 하다 집에 돌아가요." …(11세 A군)

얼마 전 제가 만난 A군은 게임에 심각하게 빠져 있었습니다. 자나 깨나 늘 게임을 하고 싶다는 생각이 든다고 했습니다. 게임 중독에 빠진 아이들은 수업 시간에 필기 대신 교과서 귀퉁이에 게임 지도를 그리며 전략을 세웁니다. 그러지 않으면, 선생님의 눈을 피해가며 스마트폰을 켜고 게임에 빠져듭니다. 야간자율 학습이나 학원 수업을 빼먹고 친구들과 PC방으로 향하는 일도 허다합니다. 간신히 마음을 다잡고 책상 앞에 앉아도 머릿속에는 온통 게임 생각뿐입니다.

게임은 한번 중독되면 빠져나오기가 매우 어렵습니다. 게임에 중독된 아이들을 부모가 가정에서 어렵게 통제한다고 해도, 가정에서 벗어나 인터넷에 접속할 수 있는 곳이 너무 많기 때문입니다.

왜 아이들은 게임에 빠져드는 걸까요? 게임에 빠진 이유도 잘 모른 채 무조건 하지 말라고 소리만 질러서는 결코 아이를 게임 중독에서 벗어나게 할 수 없습니다. 다음은 지혜로운 말로 아이를 게임 중독 상태에서 벗어나게 한 어느 엄마의 사례입니다.

대화 스킬① "공부를 해야 게임을 계속할 수 있어!"

학부모 A : "애가 공부는 안 하고 죽어라 게임만 하고 있어서 늘 너무 안타까웠어. 게임 못하게 하면 아이가 화만 내고, 나 몰래 돈 내고 PC방에 가서 하고 말이야. 부작용만 계속 더 커지는 결과가 생기더라고. 그래서 결국 게임을 인정해주고 그걸 활용하자고 생각했지."

저자 : "어떻게 활용하신 건가요?"

학부모 A : "아이에게 교대에 가라고 했어."

저자 : "네? 그게 무슨 말씀이세요? 요새 교대 가려면 공부 엄청 잘해야 하는데, 공부 아예 안 하는 아이한테 웬 뜬금없는 교대인 가요?"

학부모 A : "이렇게 말했어.

'너 게임 계속하고 싶지? 그럼 교대 가. 교대 가면 5시에 퇴근해서 그 이후로 계속 게임하면서 살 수 있어. 하지만 공부 안 해서 제대로 취직 못하면 맨날 밤 10시 넘도록 야근해야 해. 게임할 시간? 절대 안 나와. 게임하고 싶으면 꼭 교대 가라.'
그랬더니 애가 갑자기 안 하던 공부를 막 하기 시작하는 거야. 그러고는 성적이 엄청 올랐지."

"이게 무슨 황당한 이야기냐?"라고 하실 분도 있을지 모르겠습니다. 하지만 이는 실제 학부모님과의 면담 사례입니다. 꼭 이 사례를 그대로 따라 하라는 게 아니라 여기서 제시하는 힌트에 주목해보자는 의미로 말씀드리는 겁니다. 이미 아이가 공부에 거부감을 가지고, 공부 말고 다른 즐거움에 빠져 있다면 그에 저항하기보다는 그 즐거움을 이용해보자는 것입니다. 공부가 네가 원하는 것을 못하게 막는 장애물이 아니라, 그걸 더 편하게 즐길 수 있도록 만들어주는 도구가 될 수 있다는 이야기를 학부모님 A씨는 하고 있습니다.

일단 지금 아이가 무엇을 좋아하는지 보고, 그 일을 인정해줍시다. 그리고 그 일과 공부의 접점을 찾아주고, 지금 상태로 마냥 가다가 사회인이 되면 그 일을 절대 즐길 수 없을 것이라는 사실도 알려줍시다. 이 방법의 핵심은 이미 굳어져버린 아이의 성향과 맞서 싸우려하지 말고 그 성향을 이용하자는 것입니다. 이건 여러분 아이의 성향에 따라서 천차만별의 방식이 있을 것입니다. 이 힌트를 한번 잘 활용해보세요.

✚

대화 스킬② "게임과 공부는 종이 한 장 차이야."

이번에는 게임 중독을 극복하고 고려대에 입학한 B군의 이야기를 들어보겠습니다.

"저는 '스타크래프트'라는 게임에 빠져 있었어요. 학교나 독서실에 있을 때면 너무 답답했는데, PC방에 가서 스타크래프트를 하면서 상대방을 격파하고 고수 대접을 받으면 그렇게 좋을 수 없었습니다." …(고려대 사범대학 B군)

이렇게 게임을 즐기던 B군은 어떻게 고려대에 입학할 수 있었을까요? B군은 "지기 싫었기 때문."이라고 밝혔습니다. 평소 B군은 승부욕이 강했고 그러다 보니 스타크래프트 게임에서도 친구들을 이기기 위해 게임에 푹 빠졌던 것입니다. 또한 평상시 가지고 있던 그런 경쟁의식이 공부도 손에서 놓지 못하도록 했던 겁니다.

혹자는 게임이라면 눈살부터 찌푸리지만, 사실 B군의 말처럼 게임과 공부는 상당히 비슷한 점이 있습니다. 서로 경쟁하고 성취를 다툰다는 점이 똑같습니다. 아이의 경쟁심이 게임 같은 비생산적 놀이가 아니라 생산적 공부에

쏠릴 수 있도록 잘 물길을 터주는 것이 바로 '엄마의 한마디'입니다. 게임에 빠져 있는 우리 아이, 아이가 게임에 빠져 있는 만큼 잘만 이끌면 공부에도 엄청난 파워를 낼 수 있는 잠재력이 있다고도 볼 수 있습니다. 이 점을 이용해 아이들에게 이렇게 말을 건네보세요.

1. "게임이 재밌는 건 '레벨 업' 기능 때문, 공부도 그래."

게임 속에서 상대를 때려잡거나 아이템을 모아가며 집중하다 보면 어느새 아이들의 레벨은 성큼 올라가 있습니다. 이렇게 레벨이 오를수록 아이들은 커다란 성취감을 느끼고 자신이 정말 대단한 사람이 된 것 같다는 승리감을 느낍니다. 게임에서 얻는 승리감과 패배감의 자극을 공부에서도 느낄 수 있다는 사실을 알려주셔야 합니다. 이 심리적 장치만 마련해줄 수 있다면 부모님이 아이의 공부 문제로 속 썩을 일은 더 이상 없을 것입니다.

2. "게임만큼 공부도 내가 한 만큼 돌아오게 되어 있어."

게임 중독에 빠진 아이들은 흔히 이렇게 생각합니다.

'공부는 아무리 열심히 해도 성적에 비례하지 않는데 게임은 결코 날 배반한 적이 없어.'

하지만 이렇게 생각하는 것은 큰 오산입니다. 다른 분야와 마찬가지로 공부도 학습자에게 매우 엄격한 잣대를 요구합니다. 게임을 할 때 충분히 경험치가 쌓여야 술술 레벨 업할 수 있듯이, 공부도 충분히 엉덩이를 의자에 붙이고 노력하는 시간이 있어야 결과가 나옵니다.

아이들에게 '게임만큼 공부도 내가 한 만큼 돌아오게 되어 있다.'는 사실을 알려주세요. 사실, 공부는 게임 이상으로 노력한 만큼의 과실을 줍니다. 컴퓨터 속 세상과 현실 세상은 누릴 수 있는 것 자체가 차원이 다르니까요. 이를 아이들에게 이해시킨다면 게임을 좋아하는 만큼, 공부에도 흥미를 느낄 수 있을 것입니다.

3. "게임도, 공부도 요령만 익히면 누구나 잘하게 돼."

게임은 딱히 천재가 아니어도 잘할 수 있습니다. 횟수가 늘어날수록 '요령'이 생기기 때문이지요. 공부도 그렇습니다. 게임도, 공부도 요령만 익히면 누구나 잘할 수 있습니다. 누군가 이런 말을 했죠.

"머리가 좋지 않아 공부를 못한다고? 대학수학능력시험에서 리만 가설이라도 증명하라고 요구하나요? 공부하는 데 머리가 특별히 좋을 필요는 없습니다." 저 역시 같은 생각입니다.

4. "공부처럼 게임도 계속하면 지겨울 걸?"

제가 상담하며 만난 학생 중 상당수는 이렇게 말합니다. "게임은 아무리 해도 안 질리는데 공부는 금세 질려요." 과연 그럴까요? 혜민 스님의 책 《멈추면, 비로소 보이는 것들》에 이런 글귀가 있습니다.

"지금 가장 편하다고 느끼는 자세를 해보십시오. 30분만 움직이지 않고 그대로 있어보십시오. 가장 편한 자세가 가장 불편한 자세로 변합니다."

게임이든, 공부든 너무 오랫동안 집착하면 질리게 됩니다. 둘 다 적절한 페이스 조절이 필요하죠. 그런데 게임을 못하게 하면 오히려 이 페이스 조절을 아이가 하게 만들어서 게임을 항구적으로 재밌게 만들어버리는 부작용이 발생합니다.

그럼 게임을 마냥 계속하도록 내버려둬야 할까요? 그게 아닙니다. "게임을 하지 마라."가 아니라 아이의 마음속에서 게임의 가치 자체를 떨어뜨려 보세요. 어떤 재밌는 오락이라도 그것에 빠져 하다 보면 어느 순간 지겨움이 찾아오고, 허탈해지면서 상대적으로 가치가 떨어진 것처럼 느껴집니다.

어떤 한 사안에 대해서 언젠가 찾아올 지겨움을 조금 더 빠르게 찾아오게 만들기 위해서는, 해당 일이 얼마나 가치가 떨어지는 일인지 상기시켜주는 게 가장 좋습니다. 단순히 "하지 마라."라는 말은 오히려 재미를 더 부추길 뿐입니다. 지겨움과 허탈함

이야말로 어떤 일의 중독을 끊는 가장 좋은 방법이라는 걸 잊지 마세요.

✛

대화 스킬③ "게임 캐릭터가 아닌, 너 자신에게 투자하렴."

제가 게임 중독에 빠진 아이들에게 무엇보다 하고 싶은 말은, 고려대생 B군이 마지막으로 저에게 했던 이 말입니다. 아이들에게 전해보세요.

"게임을 해서 이겼을 때는 기분은 좋지만 결국 공부를 안 했다는 불안감이 남고 그 불안감은 오히려 스트레스로 남는 것 같았습니다. 반면에 공부를 해내면, 하는 순간은 좀 힘들고 짜증나지만 몇 시간 공부 많이 해놓은 게 쌓이면 오히려 마음이 편해지더군요. 공부는 잠깐의 스트레스에 긴 편안함, 게임은 잠깐의

통쾌함에 긴 시간의 불안감을 주는 것 같습니다. 이걸 느끼고 나서 공부 쪽으로 더 시간을 쏟게 되었어요.

아이들도 분명 게임을 즐기는 이 순간까지 마음속에 스멀스멀 올라오는 불안감을 느끼고 있을 거예요. <u>게임 속 캐릭터가 아닌 나에게 지금 이 순간을 투자하라고 전하고 싶습니다.</u> 몇 시간만 참고 공부하면 불안감 없이 홀가분한 마음으로 있을 수 있고, 결국 나에게도 큰 보탬이 될 테니까요." …(고려대 사범대학 B군)

point!

아이가 게임 중독에 빠졌다면 다음과 같은 점을 인식시켜라.

1. 결국 공부를 해야 게임을 계속할 수 있다.
2. 게임과 공부는 종이 한 장 차이다.
3. 게임이 아닌, 너 자신에게 투자하는 것이 훨씬 남는 장사다.

질문
3

연예인이 될 거라고, 공부는 안 해도 된다고 하는데요

공부 '안' 해도 되는 이유는 없다

공부를 '안' 하는 아이는 없어도 '못'하는 아이는 없습니다. 아이가 공부를 아예 안 해서라면 몰라도, 능력이 부족해서 못하는 일은 거의 없다는 것인데요. 그래서일까요? 요즘 아이들은 나름의 논리를 가지고 당당하게 공부를 거부해서 엄마들을 당황스럽게 하기도 합니다. 분명 이런 경험, 있으실 겁니다.

"난 어차피 아이돌이 될 건데, 공부는 해서 뭐해요?"

"프로 게이머가 될 거니까, 공부할 시간에 게임이나 더 할래요."

"공부보다는 운동이 제 적성에 더 맞아요. 이걸 할래요."

"공부해서 대학 가봤자, 어차피 취업도 잘 안 되는데 뭐 하러

해요?"

이런 아이들에겐 섣부른 논리로 공부의 필요성을 이야기해도

아무 소용이 없습니다. 많은 엄마들이 논리적으로 한다는 말들이

결국 아이에게는 이렇게 들리기 때문입니다.

• 시키는 사람의 자기 화풀이.

• 시키는 사람 자신이 그 일을 잘 안다는 권력을 앞세워 위신

  을 세우려는 이야기.

그러니 대화를 시작할 때 절대 공부에서 출발하지 말

고 '아이'에서 출발해야 합니다. 지금 그 아이가 흥미

있어 하는 것, 관심 있어 하는 것을 먼저 존중하고 거

<u>기에 공부를 갖다 맞춰야 한다는 것이죠.</u>

사실 공부는 우리가 생각하는 것만큼 대단히 숭고한 게 아닙니다. 공부는 그냥 하나의 도구일 뿐입니다. 놀랍게도 아이들은 많은 어른보다 그 사실을 더 정확하게 간파하고 있습니다.

+

'공부시켜야 한다.'는 생각을 버리는 것이 포인트!

공부를 죽어라 하려고 들지 않는 것도 하나의 '의지력'입니다. 이런 관점을 가지고 역발상에 근거해서 아이에게 질문을 던져보세요.

"공부를 꼭 해야 한다는 말이 아니라, 정말 궁금해서 물어보는 건데, 굳이 그렇게까지 공부하지 않는 이유는 뭐니?"

편협하게 공부시켜야 한다는 당위에만 시선이 함몰되면, 이런 생각을 잘 못할 수 있습니다. 하지만 공부를 거부하는 아이들에게 우리가 주목해야 할 것은 그들이 그런 행동을 하는 어떠한 '논리적 이유'입니다. 아이들은 분명 논리적 사고 회로를 가동시키며 공부를 하지 않고 있어요. 그걸 스스로도 잘 인지하고 있지 못해서 드러나지 않을 뿐입니다. 만일 아이가 다행스럽게도 위 질문에 대한 답을 낸다면, 아마 답의 패턴은 아래 몇 가지 안에 거의 들어갈 겁니다.

"뭐, 굳이 그거 안 해도 적당히 취직해서 살면 되잖아요."

(요즘 같은 취업난에 순진한 생각이지만 아이라면 이렇게 생각할 수도 있습니다.)

"공부 안 해도 다른 것 잘해서 얼마든지 성공할 수 있어요! 왜 오로지 공부만 하라고 닦달이에요?"

(물론 맞는 이야기입니다만, 그럼 그 다른 게 대체 뭐냐는 게 오늘도 많은

학부모님들이 아이와 입씨름을 하고 있는 주제일 겁니다.)

이 말의 실체를 잘 봐야 하는데요. 결국 아래의 말과 같은 논리입니다.

- 나는 공부 말고 다른 능력으로도 충분히 잘살 수 있다.
- 공부 잘해서 하는 것 말고 다른 직업으로도 충분히 잘살 수 있다.

실제로 공부 안 하는 아이들 대부분은 이런 논리를 사고 회로 속에 가지고 있기 때문에 안 하는 것입니다. 공부 안 하는 아이들의 당연한 두 가지의 사고 흐름을 알았다면 이제 이걸 활용해서 공부의 필요성을 이야기해줄 차례입니다.

아이의 희망 직업별 공부 대화 패턴

아이의 장래 희망을 물어보고, 그 꿈을 이루기 위해 공부가 필요하다는 이야기를 들려주는 패턴입니다. 예시를 보시죠.

엄마 : 넌 장래 희망이 뭐니?

아이 : 가수요.

엄마 : 그래, 가수. 그럼 춤추고 노래하는 연습을 해야겠다.

아이 : 알아서 열심히 하고 있어요.

엄마 : 응, 근데 가수면. 하루 종일 춤추고 노래만 해야 될까? 24시간 내내 노래만 부른다고 그 사람이 훌륭한 가수가 될까?
물론 사람은 자기 일을 열심히 해야지. 또 자기 일 외에 다른 걸 그렇게 잘하고 열심히 할 필요가 있냐는 네 얘기도 틀린 건 아니야. 그렇지만 세상 모든 일이 그 일만 잘한다고 그 일을 잘할 수

있는 게 아니야.

예를 들어볼까? 축구 선수가 농구도 잘할 필요는 없지. 그렇지만 축구 선수가 축구만 잘한다고 뛰어난 축구 선수가 될 수 있는 걸까? 천만의 말씀이지. 일단 사람 심리를 잘 알아야 해. 그래야 상대편 선수에게 심리전도 걸고 부담 가는 상황에서의 압박에도 잘 대처할 수 있는 것 아니겠니? 메시가 월드컵 결승에서 프리킥을 실패한 게 축구를 못해서 실패한 거겠어?

체육학, 근골격에 대한 지식도 있어야지. 그래야 자기 몸 관리를 잘해서 빡빡한 일정에도 제 컨디션 유지할 수 있고, 부상도 방지할 수 있어.

네가 하려고 하는 가수도 마찬가지야. 노래 연습만 하루에 10시간 한다고 뛰어난 뮤지션이 될 수는 없어. 인체에 대한 지식, 그리고 사람을 감동시키는 가사를 쓰려면 결국 인간 심리와 사회 현상에 대해 잘 알고 있어야 해. 공부 없이, 책 한 권 안 보고 그런 가사를 어떻게 쓸 수 있겠니? 좋은 가사를 쓰는 뮤지션들이 책을 얼마나 엄청나게 읽는지 아니?

지금 너는 공부가 네 춤, 노래 연습할 시간을 뺏는다고 여기겠지만, 그렇지 않아. 전문가라는 건, 그 일만 잘한다고 될 수 있는 게 아니야. 인간과 관련된 심리, 신체, 사회, 문화 모든 걸 자기가 하려는 주 분야에 녹여낼 수 있는 사람이 전문가야.

그러니까 엄마 말은, 네가 하려는 음악에 공부가 절대 방해가 되는 게 아니라는 거야. 오히려 도움을 주는 것이지.

여기에서는 다소 구구절절하게 표현해놓았지만, 결국엔 아이가 하고자 하는 모든 일과 공부가 연결되는 것임을 알려줄 필요가 있다는 말입니다. 얼핏 직접적인 관련이 없어 보여도 "공부가 네 꿈의 지원군이 될 거다."라는 사실을 아이에게 일깨워주세요.

그저 공부를 시켜야만 한다는 생각만으로는 절대 아이를 설득할 수 없습니다. 공부에 숭고한 가치가 있다고 이야기해봐야 아이는 납득하지 않습니다. 공부를 시킬 수 있는 설득 논리는 결국 이 것뿐입니다.

> "너의 꿈을 이루는 데에 ㅇㅇㅇㅇ인 면에서 공부가 도움을 줄 것이다."
>
> "네가 좋아하는 것을 더 즐기고 잘할 수 있도록 이 공부가 도움을 줄 것이다."

이 코멘트를 완성하려고 노력해보세요. 그게 가장 최선의 방 법입니다.

point!

• 아이의 장래 희망별 공부 대화 패턴

1. 아이가 하려고 하는 장래 희망을 듣는다.
2. 한 가지 일만 잘한다고 해서 전문가가 되는 것은
아니라는 사실을 잘 설명해준다.
3. 그 희망에 공부가 도움이 될 거라는
구체적인 사례를 예시로 들어 알려준다.

영어나 수학,
일부 과목을
너무나 싫어합니다

영어에 강한 거부감을 갖게 된 아이의 경우

저 역시도 10대 시절은 물론 20대 중반까지도 공부, 특히 일부 과목에 아주 심한 거부감을 가지고 있었습니다. 예를 들면, 제가 다니던 고등학교가 외고였다 보니 어려서 영어권 국가에서 살다 온 아이들이 제법 있었습니다. 저는 영어를, 그것도 '리스닝'을 상당히 힘겨워하고 있었는데, 영어권 국가에서 살다 온 아이들은 언제나 별 수고 없이 만점을 받았습니다. 당연하죠. 어려서부터 오랜 세월 영어를 쓰며 지내다가 왔으니까요. 어린 마음에 솔직히 고백하면 그들의 모습에 너무나 많이 좌절했습니다.

또 하나의 결정적인 문제는 '발음'이었습니다. 외국에서 살다온 아이들은 발음과 억양이 남달랐죠. 제가 볼 땐 영화에서 보던 미국인보다 더 과장되게 발음을 굴려대는 것 같았습니다. 그리고 수업 시간에 제가 투박한 발음으로 영어 교과서를 읽으면 피식 웃는 아이들도 있었죠. 저는 당연히 그들에게, 그리고 영어에 거부감을 느끼게 되었습니다. 물론 저의 자격지심 때문에 그렇게 느꼈을 가능성도 있지만, 사실 대부분의 아이가 이러한 과정을 거쳐 특정 과목에 거부감을 갖게 되는 게 현실입니다.

✚

특정 과목을 '포기'한다는 것

특정 과목을 싫어하다 보면 자연히 성적이 떨어지게 되고, 장기간 그러한 상태가 계속되면 아이는 사실상 그 과목을 '포기'하는 단계에 접어들고 맙니다. 문제는 포기하는 과목이 '어떤 과목'이냐 하는 것입니다. 어느 과목이라도 포기하는 일이 있어서는 안 되지만, 만약 그것이 국어, 수학, 영어와 같은 주요 과목이라면 문제는 심각해집니다. 주요 과목은 내신은 물론 입시에서 차지하는 비중이 높기 때문에 이 중 어느 한 과목이라도 포기하면 내신과 입시 결과가 좋지 않을 뿐 아니라 진로 선택의 폭이 좁아집니다. 또한 한 과목의 포기는 자칫 다른 과목의 포기로 이어질 우려가 있습니다. 따라서 주요 과목은 물론이요, 어느 한 과목이라도 '포기'하는 일은 최대한 없어야 합니다.

'포기'에도 여러 단계가 있습니다. 아예 노골적으로 '포기 선언'을 하고 그 과목 공부에서 아예 손을 떼는 극단적인 단계에서부터, 명시적으로 포기한 것은 아니나 사실상 마음속으로는 포기하고 공부를 소홀히 하는 단계까지 있습니다. 전자의 단계까지 진행하면 일이 심각해지나 현재의 상황이 만약 후자의 단계에 가깝다면 빨리 조치를 취해야 합니다.

이럴 때 엄마는 아이 옆에서 포기하고 싶은 마음이 들더라도 '적어도 기본은 하게 하겠다.' '최소한 중간은 하도록 만들겠다.'는 마음을 갖는 것이 중요합니다. 아이가 부담감을 느끼지 않고 충분히 해낼 수 있는 선에서 말입니다. 그렇게 기본, 중간 수준만이라도 유지해야 나중에 다시 그 과목을 힘차게 공부하게 되는 토대이자 계기가 될 수 있습니다.

✛

'포기' 과목 되살리기

그렇다면 이미 포기한 과목, 사실상 포기한 과목을 되살릴 수 있는 방법은 없을까요? 포기한 기간이 얼마나 되느냐에 따라 회생 가능성에 차이가 있지만, 방법이 아예 없는 건 아닙니다. 다음과 같은 방법을 적용해보기를 권합니다.

1. "왜 이 과목이 싫은 거니?"

어떤 병이든 이유나 원인을 정확히 알면 고칠 가능성이 높아집니다. 특정 과목을 왜 포기하게 됐는지, 포기하게 된 결정적 계기는 무엇이었는지, 또 그것이 정말 타당한 것이었는지를 아이에게 물어보세요.

이렇게 해서 아이 스스로 자신이 그 과목을 싫어하는 이유를 곰곰이 생각해보는 시간을 갖는 것이 좋습니다. 아이는 이런 시간을 통해 일종의 자기 점검을 거치고, 반성과 감정 조절을 하게 됩니다. 대개 그 과목이 싫어진 것은 '선생님'이 주된 원인인 경우가 많은데, 그럴 경우에는 인터넷 강의나 학원 강의를 통해 다른 선생님을 접하게 하는 방법도 유용합니다.

2. "기본만 해보자."

아이들이 특정 과목을 포기하는 이유 중 하나는 대개 성적에 대한 과도한 부담감이 작용했기 때문입니다. 그러므로 아이에게 그 과목을 더 열심히 해야 한다고 강요하기보다는, 잘해야겠다는 마음을 버리고 '기본'만 하겠다는 마음을 아이가 품도록 돕는 것이 좋습니다. <u>아무 부담 없이 '중간(평균)'만이라도 하겠다는 마음을 아이가 가질 수 있도록 엄마가 도와주세요.</u>

이렇게 하면 그 과목에 대한 거부감, 기피증을 다소나마 완화시킬 수 있습니다. 해당 과목에서 가장 기본적인 교재를 선택해 공부하거나 이전 학년 교과서를 다시 살펴보게 하면서 기피 과목에 대한 자신감을 일깨워주는 것도 좋은 방법입니다.

3. "우리 그 수업 듣는 동안 20분만 집중해볼까?"

아이가 특정 과목을 포기했을 때 가장 처음 보이는 행동은 그 과목 수업시간에 '딴짓'을 하는 것입니다. 잠을 자거나 졸기도 하죠. 이럴 때 아이들을 윽박지르기보다는 10분, 20분씩이라도 조금씩 집중해서 듣는 자세를 기르도록 도와주어야 합니다.

<u>"우리 그 수업 듣는 동안 20분만 집중해볼까?"</u> 하고

<u>제안한 뒤에, 아이가 잘 따랐다면 그에 맞는 포상을</u>
<u>해주세요.</u> 그러면 아이의 집중력은 점점 더 커져 수업을 듣지 않으려는, 거부하는 식의 태도를 버리게 될 것입니다. 잘 이해가 되지 않는 부분이 있더라도 끝까지 듣는 자세를 유지할 수 있도록 아이를 격려해주세요.

4. "넌 다른 과목을 잘하니까 너무 부담 갖지 마."

아이 주변을 둘러보세요. 예를 들어 우리 아이는 '수학'을 어려워하는 대신 '과학'을 재미있어 하지만, 아이의 친구는 반대로 '수학'을 잘하는 대신 '과학'에 자신이 없을 수 있습니다. 보통 이런 경우 엄마들은 주변 친구들하고 비교를 하면서 "쟤처럼 너도 잘할 수 있어."라는 말을 들려주곤 합니다. 어떠한 경우든 친구들과의 비교는 자격지심을 부추겨서 오히려 해당 과목에 대한 거부감을 더 크게 만들 수 있습니다. 부족한 과목을 더 공부하게 하려면, 아이가 잘하는 다른 과목에 대한 인정과 함께 타인과 비교받는 마음의 부담에서 벗어나도록 하는 게 포인트입니다.

"어차피 사람은 다 달라서, 모두가 똑같은 과목을 잘할 수는 없어. 헌데 너는 철수랑은 달리 국어는 잘하잖니? 꼭 수학까지 개랑 똑같이 할 필요는 없어. 그 대신 어느 정도만 격차를 줄이는 방향으로 한번 방법을 생각해보자."

"철수가 너보다 수학을 잘하지만 사실 개는 그냥 문제 푸는 요령을 더 빨리 터득했을 뿐이야. 절대 네가 철수보다 능력이 모자란 게 아니야. 결국 수학은 약간의 요령 차이일 뿐인걸. 너무 실망하지 말고 그 요령이 뭔지 철수에게 알아내봐."

'나는 이 과목을 못한다.'라는 인식을 갖게 하면 과목에 대한 아이의 거부감은 더 커질 뿐입니다. "사실은 약간의 요령이 부족했을 뿐이다. 그러나 너는 다른 과목을 더 잘하므로 그 과목에 대한 부담을 덜고 기본만 하면서 서

서히 따라잡아보자." 하는 식으로 대화를 나눠야 싫어하는 과목에 대한 접근도를 높일 수가 있습니다.

또한 EBS에서 방영한 '공부의 왕도'나 '공부의 달인'과 같은 프로그램의 홈페이지에서 해당 과목을 다룬 회차를 선택해 아이와 함께 시청하는 것도 도움이 됩니다. 가능하다면 보고 들은 것 중 일부나마 따라 해볼 수 있는 것이 있다면 시도해보세요.

5. "목차만이라도 같이 살펴볼까?"

아이는 정서적으로 거부감을 갖고 있는 과목의 책은 한번 펴보려고조차 하지 않을 수 있습니다. 어쩌면 해당 과목의 교과서가 아예 새 책처럼 깨끗하거나 교재가 없을 수도 있습니다. 저도 그랬으니까요. 지금 이 순간 아이의 교과서와 교재를 한번 체크해보세요. 만약 교과서나 기본적인 교재가 미비하다면 아이와 함께 서점에 가서 책을 고르고, 꼭 마련하도록 합니다.

교과서와 기본적인 교재가 마련되었다면, 아이와 책을 놓고 책상 앞에 앉아보세요. 그리고 이 말을 건네보세요.

"엄마랑 목차만이라도 같이 살펴볼까?"

그런 다음 조금이라도 관심이 가는 부분을 찾아 쭉 훑어본다는 마음으로 아이와 함께 읽어봅니다. 거부감이 덜하다면 관련 부분의 문제를 몇 문제 풀어보는 것도 좋은 방법입니다.

6. "우리 이 영화 볼래?"

포기 과목을 공부하기는 싫지만 그 과목과 관련된 영화나 책을 보면서 아이는 다시 흥미를 느낄 수도 있습니다. 수학을 싫어한다면 수학자를 다룬 영화나 책을 한번 찾아보도록 합니다. 내용 중에 동의하기 힘든 부분이 있을 수도 있겠지만 기꺼이 동의할 만한 부분도 있을 것입니다. 이런 방법을 통해 아이는 포기 과목을 새롭게 공부할 동기를 얻을 수 있습니다.

point!

• 특정 과목을 '포기'하려는 아이에게는 이런 말!

1. "왜 이 과목이 싫은 거니?"
2. "기본만 해보자."
3. "우리 그 수업 듣는 동안 20분만 집중해볼까?"
4. "넌 다른 과목을 잘하니까 부담 갖지 마."
5. "목차만이라도 같이 살펴볼까?"
6. "우리 이 영화 볼래?"

어릴 때와 달리, 커갈수록 공부에 싫증을 냅니다

주입만 하려 하니 싫증내는 건 당연하다

"우리 민희 걱정에 살 수가 없어요. 지금 중학교 2학년인데, 글쎄 어제도 학교에 무단결석했지 뭐예요. 하루가 멀다 하고 학교에 안 가는데 성적은 말할 것도 없죠. 불량한 애들이랑도 어울려 다니는 것 같고요.

초등학교에 다닐 때만 해도 공부도 잘하고, 제 말도 잘 듣는 모범생이었는데 갑자기 왜 이렇게 된 건지 모르겠어요, 선생님."

최근 저는 엄마와 매일 다투는 중학생 민희 양과 상담을 진행

했습니다. 민희 양의 어머니는 초등학교 시절까지만 해도 성적이 우수하고 착했던 아이가, 중학교에 진학한 후부터 갑자기 불량한 태도를 보이기 시작했다고 토로했습니다.

사실 민희는 '갑자기' 불량한 태도를 보이기 시작한 것이 아닙니다. 어릴 적부터 오랜 시간, 강요 방식의 교육에 지쳐 있다 중학교에 입학하면서 그 스트레스가 폭발하고 만 것이죠. 아이의 변화를 미처 눈치 채지 못한 엄마의 잔소리는 아이를 더욱 비뚤어지게 했습니다.

Tip 아이를 엇나가게 하는 엄마의 말

"학원 숙제 했니?"

"오전 내내 수학 문제 하나도 안 풀고, 도대체 뭘 한 거야?"

"평일 내내 놀았으면 됐지. 토요일에 또 친구 만나러 나간단 말이야?"

우리 아이의 학습 의욕은 몇 점?

엄마들이 별 생각 없이 입에 달고 사는 이런 잔소리가 아이들을 의기소침하게 만들고, 심하면 거짓말이나 돌발 행동까지 불러일으킬 수 있습니다. 이런 악순환이 지속되면 아이는 아주 작은 학습 스케줄조차 소화하기 힘들어하게 됩니다.

아이의 학습 의욕을 끌어올리기 전에, 지금 아이의 의욕이 어느 정도인지 살펴보세요. 다음은 박민근 청소년 심리 상담가가 개발한 '학습 의욕 지수 테스트'입니다.

각 항목에서 답이 '그렇다'에 가까우면 5점, '보통'이면 3점, '전혀 그렇지 않다'에 가까우면 1점으로 매기세요. 꼭 집어 어느 단계라고 답하기 곤란하면 각 단계의 중간 점수인 2점과 4점으로 매기면 되고, 설문은 아이가 하도록 합니다. 결과는 각 항목의 점수를 합쳐서 확인하세요.

아이의 학습 의욕 지수 테스트

아이의 학습 의욕 정도는? 아이가 평소 생각대로 체크할 수 있도록 도와주세요.

← 아니다, 그렇다 →

1. 학생에게 공부는 무척 중요하다고 생각한다.	1 2 3 4 5
2. 시키지 않아도 스스로 공부한다.	1 2 3 4 5
3. 공부할 때 궁금한 것이 생기면 끝까지 알아본다.	1 2 3 4 5
4. 공부에서 배운 내용이 대부분 쓸모 있다고 여긴다.	1 2 3 4 5
5. 내가 무엇을 잘하고, 무엇을 좋아하는지 잘 안다.	1 2 3 4 5
6. 계획한 일을 마치지 않으면 마음이 좋지 않다.	1 2 3 4 5
7. 공부를 해야 똑똑해진다고 여긴다.	1 2 3 4 5
8. 장래에 되고 싶은 직업이 있다.	1 2 3 4 5
9. 책을 읽을 때 잘 집중한다.	1 2 3 4 5
10. 나만의 학습 계획표를 만든다.	1 2 3 4 5
11. 학습 계획을 세울 때 시간 배분을 한다.	1 2 3 4 5
12. 공부는 나를 위해 하는 것이라고 생각한다.	1 2 3 4 5
13. 매 학기 어떤 공부를 할지 과목별로 목표를 정한다.	1 2 3 4 5
14. 공부를 열심히 해야 하는 분명한 이유가 있다.	1 2 3 4 5
15. 어떤 목표를 이루는 데 공부가 필요하다고 여긴다.	1 2 3 4 5

결과

50점 미만 : 학습 의욕이 낮은 편입니다.
50~60점 : 학습 의욕이 보통입니다.
60점 초과 : 학습 의욕이 높은 편입니다.

+

우리 아이 학습 의욕을 높이는 '말'

테스트를 마치셨나요? 결과가 어떤가요? 아이의 학습 의욕을 높여야겠다는 생각이 들었다면 지금부터 제가 하는 이야기를 주의 깊게 들어보시길 바랍니다. 아이들의 학습 의욕을 높이는 데 중요한 것은 '부모의 신뢰'와 '집중력을 높일 수 있는 환경'입니다.

아이들이 공부하기로 마음먹은 첫날부터 "왜 책상 앞에 붙어 있질 못하니?" 하고 잔소리를 하기 시작하면 아이는 첫발을 떼기도 전에 영영 길을 잃고 맙니다. 거실에 시끄럽게 TV가 틀어져 있거나 공부방에 잡다한 물건이 늘어져 있어도 아이의 집중력은 산산이 흩어집니다. 시작이 조금 늦더라도, 생각보다 공부 습관이 천천히 붙더라도 관심과 애정을 갖고 지켜보면서 적절한 공부 환경을 만들어주세요.

1. "우리 30분씩만 매일 수학 공부해볼까?"

헤르만 에빙하우스의 '망각곡선'에 따르면 인간은 학습한 지 1시간이 지나면 학습 내용의 50%를 잊어버린다고 합니다. 따라서 <u>학습 의욕은 조금씩이라도 매일 꾸준히 공부해야 늡니다.</u> 이때 엄마는 아이가 흥미나 즐거움을 가질 수 있는 학습 도전 과제를 매일 제시하는 게 좋습니다. 학습 심리학적 측면에서도 매일 두뇌 활동을 하는 것이 공부 능력을 최고로 끌어올리는 방법입니다.

또한 <u>집 안을 아이가 공부하기에 좋은 환경으로 만들어주는 것이 중요합니다.</u> 실제로 많은 교육 전문가들은 아이에게 맞는 공부 환경을 잘 마련해주면 초중고교 시기는 물론, 평생 자기 주도 학습을 하는 데 도움이 된다고 강조하고 있습니다. 인천 은지초등학교의 정윤호 교사는 공부 환경의 중요성을 이렇게 설명하기도 했습니다.

"특목고나 민사고 등에 다니는 학생들을 보면 어릴 때부터 자기 집 공부방에서 예·복습을 하는 습관이 배어 있습니다. 어릴 때 자기 공부방에서 공부했던 습관은 대학까지 이어집니다. 공부를 해도 성과가 없는 아이들을 보면 집에서 절대 책을 펼쳐본 적도 없고, 자기 공부방이나 책상을 정리해본 적도 없는 경우가 많습니다. 이럴 때 부모님의 역할이 중요합니다. 아주 사소한 거라도 좋습니다. 내 아이의 성격과 상황을 읽고, 아이의 집중력을 높일 수 있는 환경을 만들어주세요."

여기서 잠깐 우리 집 공부 환경을 돌이켜봅시다. 과연 우리 집은 아이가 공부하기에 얼마나 적합한 환경인가요? 아이의 공부방은 집중하기에 어려움이 없을 만큼 아늑하고 차분하게 정리되어 있나요? 한번 체크해봅시다. 다음은 박민근 청소년 심리 상담가가 개발한 '우리 집 공부 환경 체크 리스트'입니다. 해당되는 항목의 O, X에 체크하면 되고, 설문은 부모가 합니다.

우리 집 공부 환경 체크 리스트

해당되는 항목의 ○, ×에 체크해주세요.

	○	×
1. 공부방과 책상 위는 깔끔하게 정리해둔다.	☐	☐
2. 게임이나 TV 때문에 공부를 못하는 경우가 별로 없다.	☐	☐
3. 스마트폰과 컴퓨터 사용으로 공부에 방해받는 일이 없다.	☐	☐
4. 두 시간 이상 자습할 수 있는 공간이 있다.	☐	☐
5. 아이와 부모 사이에 대화가 많은 편이다.	☐	☐
6. 가족의 활동이 아이 공부에 방해가 되지 않는다.	☐	☐
7. 공부에 필요한 도구나 책들이 늘 아이 곁에 있다.	☐	☐
8. 집중을 방해하는 음식 냄새, 소음 등이 거의 없다.	☐	☐
9. 공부방 외에도 공부가 잘되는 장소가 집 안에 따로 있다.	☐	☐
10. 온 가족이 아이의 학습을 지원하려는 의지가 있다.	☐	☐

결과

동그라미가 7개 이상이면 우수한 편입니다.
그렇지 않은 경우, 아이가 편안하게 공부를 할 수 있는 공간이 아니므로 집 안 환경을 바꿀 필요가 있습니다.

테스트를 마치셨나요? 결과가 어떠신가요? 만약 이 공부 환경 체크 리스트에서 동그라미가 6개 이하로 나왔다면, 집 안 환경을 바꿀 필요가 있습니다. 그렇다면 어떻게 바꾸면 좋을까요?

공부 환경을 바꾸려면 아이의 성향을 먼저 파악해야 합니다. 우리 아이가 어떤 공간에서 가장 심리적으로 편안하게 느끼는지 살펴보세요. 성향에 따라 카페와 같은 분위기 있는 실내 공간을 선호하는 아이가 있고, 책상이 문을 등지고 있으면 누군가 들어올 것 같은 불안감에 좀처럼 집중을 못하는 아이도 있습니다.

이제 본격적으로 공부 환경을 바꿔주기 전에, 부모님께서 꼭 알아두어야 할 몇 가지 사항이 있습니다. 임한규 공부 환경 컨설턴트의 조언에 따르면 되도록 책상은 창문에서 멀리 배치하는 것이 좋고, 아이가 초등학생일 경우 책상 위 유리판은 없는 것이 좋다고 합니다. 다음 페이지의 주의사항을 눈여겨봐 주세요.

초등학생에게 좋은 공부 환경

• 책상 위 유리판은 없는 게 좋습니다.

책상 위에 유리를 깔고 그 밑에 영어 알파벳, 구구단 등 '학습

판'을 넣는 경우가 많은데, 이는 책을 보는 아이의 시선을 분산

시킵니다. 학습판은 책상에 앉았을 때 보이지 않는 벽에 붙여

두고 주기적으로 바꿔주는 게 낫습니다.

• 아이의 성장에 맞춰 책상과 의자 높이를 맞춰주세요.

초등학교 고학년 시기의 아이들은 금방 자랍니다. 성장 속도에

맞춰 높이 조절이 가능한 책상과 의자를 마련해주세요.

• 회전식 의자는 장난감이 되기 쉽습니다.

아이의 자세 교정을 위해 목과 팔을 받쳐주는 받침대가 있는

회전식 의자를 사주는 경우가 많습니다. 굳이 비싼 가격의 회전식 의자를 사줄 필요는 없습니다. 이런 의자들은 바퀴가 달려 잘 움직여서 아이의 집중력을 자꾸 흩뜨리고, 아이 입장에선 장난감이 되기 쉽습니다. 고정식 의자를 사주세요.

• 안 보는 책은 정리해주세요.

유아 때부터 초등학교 저학년 때까지 읽었던 전집을 아이가 고학년이 되어서까지 꽂아두는 가정이 많습니다. 안 보는 책은 과감하게 정리해주세요. 정작 읽어야 할 책들이 굳이 안 봐도 될 책들에 가릴 수 있습니다.

모든 학생에게 좋은 공부 환경

• 책상은 방문과 등지게 놓지 마세요.

방문을 등지고 책상을 배치하면 의자에 앉아 있는 아이는 누군가 등 뒤에서 갑자기 문을 열고 들어올 것 같은 불안감을 느낍니다. 이 경우 당연히 집중력이 떨어질 수밖에 없습니다.

• 책상을 창문에서 멀리 배치하는 게 좋습니다.

공부를 할 때 창문이 가까이 있으면 여러 가지 소리가 들려와 집중력을 떨어뜨립니다. 또 아이들은 창문 쪽 온도와 책상 쪽 온도의 영향을 쉽게 받습니다. 봄과 여름에는 햇살 때문에 쉽게 졸음이 밀려오고, 가을과 겨울에는 바람 때문에 추위를 느끼게 되어서 집중력이 떨어지기 쉽습니다.

• 책상은 심플한 것으로 선택하세요.

시중에는 비싼 가격대의 기능성 책상이 많습니다. 그러나 그 많은 기능을 아이들이 다 사용하지는 않습니다. 책상은 본래 목적에 따라 책을 올려놓을 공간만 충분하면 됩니다. 탁 트인 상판과 서랍 하나, 다리만 있는 책상이 가격도 저렴하고 아이 집중력에도 도움이 됩니다.

> • 적당히 불편한 환경이 낫습니다.
>
> 어떤 아이의 공부방을 보면 푹신한 방석과 쿠션, 최고급 공기
> 청정기 등 지나치게 편안하도록 모든 걸 다 갖춘 경우가 있습
> 니다. 그러나 이런 방은 오히려 공부에 방해가 될 수 있습니다.
> 어느 정도 불편한 환경 때문에 인체가 받는 스트레스는 오히려
> 오랜 시간 집중력을 높여줍니다. 너무 편한 환경만을 고집하지
> 마세요.

2. "이번 주말엔 체험학습 가보자!"

요즘 아이들의 가장 큰 문제는 '꿈'이 없다는 것입니다. 꿈이 없
으니 목표도 없고 공부의 의미와 가치를 발견하지 못하는 것이죠.
방학이나 주말을 틈 타 아이가 꿈을 찾거나 키울 수 있는 체험학
습 또는 진로학습을 함께 해보면 어떨까요? 단, 다양한 체험·진
로학습 프로그램 중에서 옥석을 가릴 줄 아는 지혜가 필요합니다.

실질적이면서도 아이와 잘 맞을 만한 프로그램을 잘 살펴보고 참여시키도록 하세요.

3. "학원 다니기 힘들면, 안 다녀도 돼."

대부분의 엄마들은 방학을 선행학습의 기회로 생각하고, 학원 프로그램도 그렇게 짭니다. 하지만 매년 그렇게 열심히 선행학습을 시켰는데 아이의 성적은 왜 늘 제자리일까요? 바로 동기부여가 되지 않은 상태에서 무리하게 선행학습을 시도했기 때문입니다. 동기부여 없이 이루어지는 선행학습은 오히려 학습의욕을 떨어뜨립니다.

<u>공부를 잘하는 비결은 강요된 학습 시간이 아니라 긍정적인 학습 욕구 자극에 있습니다.</u> 아이들에게 쉴 <u>틈을 주고, 스스로 계획을 짜서 달성하는 훈련을 하게 해보세요.</u> 이때 계획은 자세하게 세울수록 좋습니다. 계획을 많이 짜보지 않은 아이들은 어쩔 수 없이 허비하는 시간이 의외로

많습니다. 곁에서 계획과 계획의 이음새를 잘 잇도록 하고, 과목

별 성적에 따라 목표치를 다르게 세우면 도움이 됩니다.

"우와! 이젠 공부가 재밌어요!"

아이의 공부 열정을 키우는 엄마의 한마디

감수성이 예민한 사춘기 아이들에겐 공부하라는 부모는 다 '꼰대' 입니다. 똑같은 얘기를 해도 엄마 아빠가 하면 지겹게 느껴지는 것이죠. 공부에 지치고 예민한 아이들을 키우는 부모들에게 필요한 건, 직접 강요보다는 공부하는 습관을 들이는 지혜로운 우회 교육법입니다. 4장에서는 아이 스스로 공부에 빠져들게 하는 마법 같은 '엄마의 말'을 알아보겠습니다.

"공부해!"
직접 강요보다는
지혜로운 우회 교육으로

아이들에게 공부하라는 부모는 '꼰대'다

　요즘 엄마들은 스스로 아이의 '매니저'가 되기를 자처합니다. 입시 제도를 꿰뚫고 발 빠르게 학원 정보 등을 수집해 아이에게 최상의 학습 환경을 만들어주려고 노력하죠. 하지만 막연히 반복적으로 "공부하라."고 강요하거나, 학원을 억지로 보내는 식은 크게 도움이 되지 않습니다.

　특히 감수성이 예민한 사춘기 아이들에겐 공부하라는 부모는 다 '꼰대'입니다. 똑같은 얘기를 해도 부모가 하면 지겹게 느껴지는 것이죠. 예민한 아이를 키우는 엄마들에게 필요한 건, 직접 강요보다는 공부하는 습관을 들이는 지혜로운 우회 교육법입니다.

✛

공신들의 남다른 한 끗 공부 습관

미국 하버드 대학생 1,600여 명의 학습 습관을 연구한 리처드 라이트 교수는 성적 우수생들에게서 공부 습관의 대원칙을 발견했습니다.

1. 교복을 벗기 전, 복습하는 습관

그 첫 번째는 '매일, 일정한 시간에, 일정한 장소에서, 정해진 학습량을, 꾸준히 실천하는 것'입니다.

'공부의 신'으로 잘 알려진 강성태 공신닷컴 대표도 매일 일정하게 공부하는 습관을 들일 것을 강조했습니다. 현재 우리의 초중

고등학교 공부는 고차원적 사고를 요구하는 것이 아닙니다. 중간·기말고사 문제는 공부 내용이 머릿속에 있으면 답을 맞히고 없으면 틀리는 수준이죠. <u>학교에서 배운 내용을 매일 복습하는 습관만 들여도 확실히 성적이 나옵니다.</u>

하루에 15분 만이라도, 아이가 학교에서 돌아와 옷을 갈아입기 전에 복습부터 해보게 하면 어떨까요? 처음에는 낯설고 불편할지라도 2~3주만 지나면 익숙해지고, 10주 정도 계속하면 자동적으로 복습하는 습관이 몸에 밸 것입니다.

2. 장래 희망보다는 가까운 목표부터

앞서 강조했듯이 가정법으로는 아이를 움직일 수 없습니다. 꿈을 이루기 위해 열심히 공부하라는 건 부모 관점의 생각일 뿐입니다. 아직 멀고, 얼른 와닿지 않는 장래 희망보다는 아이가 당장 진학을 원하는 고교나 대학에 같이 찾아가 보는 게 훨씬 효과적입니다. 손에 잡히는 목표를 세우면 동기부여가 훨씬 잘 되기 때문입니다.

아이가 구체적인 목표를 세울 수 있도록 도와주세요. 특히 초중등학생에게 가장 필요한 것이 목표 의식입니다. 고등학생이 되면 좋든 싫든 '대입'이라는 뚜렷한 목표가 생기지만, 아직 여유 있다고 생각하는 초중등학생 때는 자칫 시간을 낭비할 수 있습니다.

특수 중고등학교나 자사고 진학을 목표로 삼는다고 쳐봅시다. 목표한 학교에 합격하면 좋겠지만 설령 입시에 떨어진다 해도 공부한 것은 어디 가지 않습니다. 이렇게 공부한 내용은 대부분 고교 과정 공부를 수월하게 하고요. 적어도 뚜렷한 공부 목표를 세우면 절대 시간 낭비는 하지 않게 되는 셈입니다.

3. 높은 난이도가 자신감 상실을 부른다

게임도 너무 어려우면 아무리 재미있는 게임이라도 빠져들지 못합니다. 공부는 더하겠죠. 일부 열성적인 부모들은 아이의 영어 실력을 키운다면서 어려운 영문 잡지를 구독하거나 전교 1등이 푸는 문제를 갖다 대는 경우가 있습니다.

이렇게 한다고 실력이 빨리 오를까요? 절대 그렇지 않습니다. 지나치게 난이도가 높으면 아이는 공부에 흥미를 잃거나 아예 자신감을 상실할 수도 있습니다. 반대로 난이도가 너무 낮으면 성취욕이 떨어질 수 있습니다. <u>가능하다면 아이의 수준보다 약간 높은 난이도가 적절합니다.</u> 적절한 난이도를 설정해 집중해서 공부하도록 돕는 것이 가장 중요합니다.

✛

"단 하루라도 좋으니, 네 한계를 깨보렴."

"엄마, 내가 할 수 있을까?"

"난 이미 늦은 것 같아…."

공부 슬럼프에 빠진 아이가 앞에 있다면 어떻게 하실 건가요? 무작정 "할 수 있어!" 하며 자신감을 불어넣거나, "안 해도 돼."라며 포기의 길로 이끄실 건가요? 그렇지 않다면 좋은 과외 선생님이나 학원을 알아보실 건가요?

그러는 대신 아이에게 이 말을 해주세요.

"단 하루라도 좋으니, 네 한계를 스스로 깨보렴."

지금부터라도 아이 스스로 공부하는 습관을 들일 수 있도록 위 방법들을 하나하나 실행해보세요. 그렇게 도우며 격려한다면, 아이는 틀림없이 정말 많이 변할 것입니다.

point!

• 공신들의 한 끗 공부 습관

1. 교복을 벗기 전, 복습하는 습관부터 들이자.
2. 장래 희망보다는 가까운 목표부터 잡자.
3. 높은 난이도가 자신감 상실을 부른다.

해결 2

아이 스스로
공부에 빠져드는
'마법의 말 7가지'

"아이가 스스로 책상 앞에 앉기 시작했어요!"

단순히 좋은 성적을 받는 것을 넘어 스스로 공부하고 공부를 즐기는 아이로 키울 수 있는 방법을 고민하고 계신가요? 가장 쉽고 간편하게 아이의 공부를 도와주는 방법은 바로 시의적절한 '엄마의 말'입니다. 때로 좋은 '엄마의 말'은 마법처럼 아이의 마음을 움직이고 지혜로움을 알려줍니다. 아이 스스로 공부에 빠져들게 하는 마법 같은 '엄마의 말'을 알아볼까요?

첫 번째, 선택의 기회를 주는 말

어떤 행동을 강요하기 전에 아이의 마음과 의견을 물어보는 질문을 하면 아이는 스스로 공부하는 사람이라는 자기 인식을 하게 됩니다.

> "너 숙제 안 할 거야?"

> "몇 시에 숙제하고 싶어?"

두 번째, 설명의 기회를 주는 말

아이가 학교에서 돌아오면 무엇을 배웠고, 기억하는지를 질문하는 것보다 아이에게 엄마를 가르치는 역할을 주세요. 아이는 엄마에게 설명하는 기회를 통해 스스로 배운 내용을 정리하는데, 이는 공부 내용을 다시 한 번 머릿속에 각인하는 효과가 있습니다.

> "오늘 뭐 배웠어?"

> "오늘 배운 거 엄마한테 가르쳐줄래?"

세 번째, 질문을 독려하는 말

아이에게 무조건 선생님의 설명을 잘 들으라고 강요하기보다는, 모르는 게 있을 때는 스스럼없이 '질문'할 수 있도록 독려해주세요. 학습 과정에서 가장 나쁜 것은 잘 모르는 것이 있을 때도 이해하지 못한 채 지나가버리는 것입니다. 아이 스스로 질문이 좋은 것임을 깨닫고 몸에 밸 수 있도록 격려하고 도와주세요.

"선생님 설명 잘 들어."

"선생님 설명 중에 궁금한 게 있으면 꼭 질문해."

네 번째, 능동적인 대답을 이끌어내는 말

　구체적인 것을 묻는 질문보다는 아이가 경중을 따져서 논리적으로 설명할 힘을 길러주는 '열린 질문'이 좋습니다. 열린 질문은 아이의 입을 통해 많은 이야기가 나오게 하고, 이는 엄마와의 소통을 원활하게 하는 장점 또한 있습니다. 아이에게 수동적인 대답이 아닌 능동적인 표현을 할 수 있는 기회를 주세요.

> "오늘 과학 공부했니?"

> "오늘 새로 배운 건 뭐니?"

✚

다섯 번째, 아이의 마음을 여는 말

아이가 어려움과 힘겨움을 느낄 때 엄마가 지시하고 훈계한다면 아이는 더 이상 엄마를 의논 상대로 느끼지 못하게 됩니다. 몇 번 이런 일이 반복되면 공부하면서 힘든 순간뿐만 아니라, 인생의 다른 힘겨운 순간에도 엄마는 자신에게 도움이 되는 존재가 아니라고 여기게 됩니다.

"그동안 왜 말을 안 한 거니?"

⬇

"그게 힘들었구나. 의논해줘서 고마워."

176

여섯 번째, 과거가 아닌 미래로 향하는 말

아이에게 말을 하다 보면 자신도 모르게 과거의 일을 끄집어내서 같이 잔소리를 하거나, 책망하는 경우가 있습니다. 이 경우 아이는 매우 큰 좌절감과 함께 짜증을 느낍니다. '엄마는 매번 이런 식이야. 이제 엄마한테 얘기 안 해!' 하고 등을 돌리게 되고 마는 것이죠. <u>과거의 실패한 일에 대해서는 긍정적인 질문을 통해 학습 동기를 자극해주세요.</u>

"도대체 어쩌다 그랬어? 이제 어쩔 거야?"

"이번 일에서 무엇을 배우고 느낀 게 뭔지 알려줄래?"

일곱 번째, 아이와 엄마에게 여유를 주는 말

학교와 학원을 오가는 바쁜 생활로 지친 아이에게 가장 필요한 말은 아이의 마음을 다독이는 말입니다. 아이의 힘든 마음을 공감해주면 아이 마음이 진정될 뿐 아니라 엄마의 마음에도 여유가 생깁니다.

"힘들었지? 고생했어."

아이가 생각해낸 '자신만의 장점'을 이용하라

공부 안 하는 아이도 무엇엔가는 빠져든다

공부를 좋아하는 아이건 싫어하는 아이건, 아니 공부를 하건 안 하건 상관없이 누구나 무엇엔가는 빠져듭니다. 그게 먹는 것일 수 도 있고, 여행일 때도 있고, 저로 말하면 축구 보는 걸 아주 좋아 합니다.

이처럼 아이들이 무엇인가에 빠져 몰입하는 행동을 '공부'로 끌 어올 수 있다면 얼마나 좋을까요? 방법은 있습니다. 보통의 경우 '게임'에 빠져 있는 아이들이 많으므로 게임을 예로 들어 설명해 보겠습니다.

+

몰입으로 이끄는 건 '재미'보단 '자존심'

공부는 어렵고, 게임은 쉽다고 생각하는 사람들이 많지만 천만의 말씀입니다. 게임이 과연 쉽기만 할까요? 게임도 잘하려면 상당한 학습이 필요합니다. 실제로 인기 있는 게임의 공략법을 인터넷에 검색해보면, "이게 게임 공략집이야 논문이야." 싶을 정도입니다.

이렇게 어려운 게임을 아이들이 그토록 즐겁게 할 수 있는 이유는 무엇일까요? 게임 속으로 몰입하게 되는 가장 큰 요인은 '자존심과의 일체성'입니다. 아무리 재미가 있는 일이라고 해도,

그 일 = 나의 자존심

어떤 일과 나의 자존심, 두 가지를 의식적으로 동일시하지 않으면 강력한 행동력은 절대 나올 수가 없습니다. 실제로 게임이

너무 좋아서 미친 듯이 빠져들었던 프로게이머 지망생이 막상 강력한 트레이닝에 들어가서는 못 견디고 "더 이상 게임 안 한다." 며 뛰쳐나가는 경우가 부지기수입니다. 하루 18시간 이상의 하드 트레이닝을 몇 년 이상 견디는 프로게이머들의 경우, 이미 '재미' 만 가지고 하는 단계는 넘어섰다고 봐야 합니다. <u>자존심과 해당 일과의 일체감이 바로 버텨내는 힘, '근성'을 만들어주는 것이죠.</u>

하루 십여 시간 이상의 하드 트레이닝을 묵묵히 소화해낸 임요환, 홍진호 같은 성공한 선수들이 그렇지 못한 선수들에 비해 강했던 부분은 무엇일까요? 바로 '게임과 자존심과의 일체감'입니다. 그러니 지는 것을 견딜 수가 없었고 강한 근성이 나타날 수밖에 없었던 거죠.

＋

아이의 자존심을 공부와 연결하는 방법

그렇다면 어떻게 해야 아이의 자존심을 공부와 연결시킬 수 있을까요? 아닌 것처럼 행동하지만 사실 인간은 남을 이기고 싶어 하고, 남보다 뛰어난 모습을 보이고 싶어 하는 존재입니다. 자존심은 바로 이러한 본성이 자극될 때 그 일과 연결되기 시작합니다. 즉,

승리의 기억

이 있어야 자존심과 어떠한 행위가 연결된다는 것이죠. 현 브라질 축구 국가대표팀 감독 둥가는 이런 말을 한 적이 있습니다.

"이겨본 적이 있는 녀석만이 다시 이길 수 있다."

브라질 축구 국가대표팀 수장이라는 건 하나의 스포츠 분야에서 세계 최정점에 오른 사람이지요. 축구를 아주 제대로 공부한 사람입니다. 그는 이렇게 부연 설명했습니다.

"경기나 훈련을 하다 보면 대단히 견디기 힘든 위기 상황, 고역, 괴로움 등이 닥친다. 그 상황을 견뎌내는 건 너무 어렵기 때문에 포기하기 쉽다. 그 상황에서 그저 정신력만 가지고 극복하라는 건 무리다.

버틸 수 있게 해주는 건 바로 '승리의 기억'이다. 고통스럽게 견뎌내고 나면 승리라는 커다란 만족이 온다는 믿음이 있어야 그걸 이겨낼 수 있는 것이다. 그 믿음을 가지려면 역시 이겨보는 수밖에는 없다."

<u>승리의 기억. 이것은 바로 고된 걸 견뎌내는 인간 행동력의 핵심, '자존심'과 직결이 됩니다.</u> 아이에게 강

력하고 힘든, 그러나 아이가 충분히 해낼 수 있을 법한 과업을 부여해주세요. 실패하더라도 과업의 난이도를 낮추지 말고 계속 해낼 수 있도록 지원하는 것이 중요합니다. 그리고 언젠가 아이가 달성해냈을 때, 이렇게 칭찬해주시면 됩니다.

"이건 남들은 어지간해서는 잘 못하는 건데, 정말 잘해냈어."

"다른 아이들은 하루에 영단어 100개 외우기도 쉽지 않은데, 너는 해냈구나. 잘해냈다."

"너는 앞으로도 이 정도를 해낼 수 있어. 이게 너의 기준선이야."

100미터를 11초에 주파하는 것은 쉽지 않습니다. 반면에 20초에 주파하기는 쉽지요. 달리기를 자신의 자존심으로 여기는 사람은 결코 20초에 주파했다고 해서 자존심이 세워졌다고 느끼지 않습니다. 인간은 달성하기 힘든 과업에 매력을 느낍니다. 힘든 과업을 계속 제시해주세요. 아이는 언젠가는 목표를 달성할 것이고, 그 쾌감에 공부를 나의 자존심이라고 느끼게 되는 날이 반드시 오게 될 것입니다.

point!

공부를 못하는 아이도 무엇엔가는 빠져 있다.
그렇게 빠져 있는 것은 곧, 그 일을 자신의 자존심이라
여기기 때문. 공부에도 이를 적용해보자.

결과가 아닌 공부하는 모습, 그 과정을 칭찬하라

공부의 당위성을 강조해봤자 역효과만 날 뿐!

생각해봅시다. 술 먹는 사람은 술이 몸에 안 좋다는 것을 몰라서 계속 마셔대는 걸까요? 과식하는 사람은 소식이 몸에 좋다는 이야기를 들어본 적 없어서 그렇게 먹을까요? 공부 잘해야 하는 이유 역시 아이들이 몰라서 안 하는 게 아니라는 걸 우리는 알아야만 합니다. 어차피 이유로는 인간 행동을 바꿀 수 없는데, 자꾸 공부해야 할 이유, '당위성'만 떠들어대는 건, 이런 부정적 자기 인식만 갖게 해줄 뿐입니다.

'공부를 열심히 해야 하는 건 알겠는데… 도저히 하고 싶지가 않아. 나는 게으르고 열정 없는 인간인 걸까?'

잘못된 동기부여 방식은 이런 식으로 아이의 자아와 미래 가능성까지 갉아먹습니다.

✚

아이의 열정을 자극하는 말, "잘하고 있어."

그렇다면 뭘 어떻게 해야 할까요? 모든 목적을 이루는 소통의 기본은 '지금 상대방의 마음에 애절하게 파고들 수 있는 소재를 사용해야만 한다.'는 것입니다.

예를 들어, "너 그따위로 살아서 뭐가 될래? 왜 공부 안 해!" 이런 식의 애매한 미래형 코멘트보다,

"너 이번에 성적 더 떨어지면 네가 좋아하는 친구 ○○○가 너를 얼마나 별 볼 일 없는 애로 보겠니?"

치사하긴 하지만 차라리 효과로 놓고 보면 이런 말이 낫습니다. <u>요컨대 중요한 건 지금 이 순간 아이의 마음에 가장 애절하게 파고들 소재를 찾아내는 게 중요하다는 겁니다.</u> 일반적으로 비교는 좋은 방법은 아니지만 때로는 비교가 효과적인 동기부여의 '방법'이 되기도 합니다.

✚

결과가 아닌 공부하는 모습, 그 장면을 칭찬하라

결과에만 집착하다 보면, 슬럼프 기간에 아이가 무너져버리게 됩니다. 그저 공부하는 그 순간 속에서, 그 자체에서 긍정적 자기 확인을 할 수 있을 때 슬럼프에 빠지더라도 금세 극복하고 끝없이 노력할 수 있는 동기가 만들어지는 것입니다.

열정이라는 건 마치 둑 안에 고여 있는 물과 같습니다. 지금은 둑에 가로막혀 썩어가고 있지만 한번 둑이 터지면 물밀 듯이 터져나올 수 있습니다. 그 열정의 폭포수를 틀어막고 있는 것이 바로 거부감이라는 둑입니다. 해당 대상과의 관계를 올바로 정립해주고 발전적인 자기 확인이 가능할 때 그 둑은 비로소 터져 콸콸 흐르게 되는 것입니다. 그리고 아이는 스스로 공부의 이유를 찾고 의욕을 가지고 책상 앞에 앉게 됩니다.

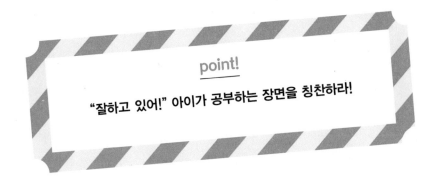

point!

"잘하고 있어!" 아이가 공부하는 장면을 칭찬하라!

5
시험 직전 대책

"정답이
쏙쏙
보여요!"

시험에서 바로 써먹는
엄마식 공부의 기술

지금까지 엄마들의 대표 고민과 그 해결책을 알아보고, 어떤 말로 아이에게 공부 습관을 들여야 하는지 문제 진단과 함께 상황별 실전 노하우를 알아보았습니다.

마지막으로 5장에서는 시험 현장에서 문제 푸는 능력을 높이고, 공부를 더 장시간 하게 하는 아주 간단한 방법들을 소개합니다.

대책
1

아이의 본능을 이용한
공부시간 조절법

"열심히 해!"는 공부 거부감만 심어줄 뿐!

아무리 오랜 시간 잔소리를 꾹 참고 지켜봐도 그저 놀기만 좋아하는 아이는 어떻게 다루어야 할까요? 이런 경우에도 '너는 한심해.'라는 뉘앙스를 조금도 풍겨서는 안 됩니다. 그 경우 아이는 아래와 같은 악순환에 빠지게 됩니다.

놀이에 빠지는 건 한심한 짓거리다.

나는 한심한 짓을 해버렸다.

> 그러므로 나는 한심하다.

이게 여러 차례 반복되면(대부분의 아이들은 반복하게 됩니다.) 최악의 자기 인식 루트가 형성됩니다.

> 이 한심한 짓은 나와 어울리는 행위다.

> 결국 그 한심한 행위를 하는 스스로에게 적응한다.

이쯤에서 "더 열심히 하라."라는 말이 가지고 있는 의미를 살펴봅시다. 이 말은 뒤집어보면 "너는 지금 열심히 하고 있지 않다."라는 이야기가 됩니다.

일본의 유명 작가 나카타니 아키히로는 그의 저서에서 같은 일본인들에게 '간바레'라는 응원을 하지 말자고 권장했던 적이 있습니다. 왜냐면 간바레(힘내, 열심히 해.)라는 말은 지금 힘을 내지 않고 있다는 의미로 들릴 수가 있기 때문이라는 것인데요. 이건 당하는 입장이 되어보면 충분히 이해할 수 있을 만한 이야기입니다.

'아… 나 지금 충분히 있는 힘껏 하고 있는데. 더 힘을 내라고 하네….'

이렇게 생각하는 사람에게 '힘내.'라고 하면, 자신의 노력이 인정받지 못함에 따른 실망이 생겨 오히려 동기가 저하될 수 있는 것이죠. 나카타니 아키히로도 그 점을 지적한 것입니다.

이 세상에는 게으름과는 전혀 동떨어진 인간이라 할지라도 단 1시간 공부조차 거부감과의 싸움을 벌여야 하는 사람이 있기 마련입니다. 부모님들에겐 아이가 공부를 안 하면 그저 게을러 보이겠지만 그게 아닙니다.

결국 '더 열심히 해라, 더 노력해라.'라는 말은,

'아 나는 노력하지 않는 나쁜 아이구나.'
'나는 열심히 안 하는 그런 류의 아이구나.'

이런 자아 정체성을 아이에게 심어주는, 생각지도 못한 최악의 결과를 불러올 수 있다는 것입니다. 실제로 우리가 보지 못하는 이면에서 그 아이는 상당한 공부 거부감과 힘겹게 싸우고 있었는지도 모르는데 말입니다.

✚

아이의 '놀고 싶은' 본능을 조절하는 방법

"아이가 좀처럼 노력을 하려고 하지 않고 놀기만을 좋아하는데

그럼 그저 놀기만 하는 모습, 게임에 빠져 허우적대는 모습을 보아도 그냥 내버려두라는 얘기인가요?"

이렇게 반문을 하실 부모님도 있으시겠지요. 제가 말한 것은 아무런 계산 없이 무턱대고 지적하고 혼냈을 때 어떤 부작용이 나타나는지를 설명한 겁니다. 문제 있는 행동을 했을 때는 당연히 지적을 해줘야 합니다. 마냥 내버려두면 그냥 짐승으로 커나갈 수밖에 없는 것이 짐승으로부터 진화한 인간의 숙명입니다. 지적은 반드시 필요합니다.

다이어트를 해보신 적 있으실 겁니다. 이미 인격이 성장하고 머리가 굵을 대로 굵은 성인이 되어서도, 더 나은 건강, 더 나은 몸매가 뻔히 보여도 지금 당장 눈앞의 맛난 음식에 굴복하곤 하는 게 사람입니다. 이건 이 책을 읽는 여러분이나, 저나 다 마찬가지입니다. 인간이라면 말이죠. 우린 이 사실을 인정해야 합니다. 성인에게도 당장 음식 조절을 하라고 하면 쉽지 않은데, 아이들에게 노력하는 성인군자가 되라고 강요하는 게 과연 맞을까요?

가장 좋은 방법은, 동물적 본능과 자기 정체성을 분리하는 것입니다. 아이가 잘못된 행동 패턴을 계속 보일 경우, 가장 먼저 해야 할 일은 그 행동과 아이의 자아 정체성 사이의 연결을 끊어주는 것입니다. 이렇게 하면 아이의 자존심을 건드리지 않고, 자아정체성에 부정적 혼란을 주지 않고도 행동을 바로잡을 수 있습니다.

✛

방법① '놀고 싶은 마음'을 인정하고, 비난하지 않는다

일단 첫 번째로 사람은 누구나 한심한 짓을 하게 되고, 할 수 있다는 점을 아이에게 알려주는 것입니다.

제아무리 공부의 달인, 노력의 화신이라고 하더라도, 일시적인 일탈은 있을 수 있습니다. '일탈하고 싶은 마음' '놀고 싶은 마음'이 하나도 없는 인간은 이 세상에 존재하지 않습니다. 우리가 흔히 실수를 저지르는 것이 어떻게 해서든 아이의 일탈을 막아야 한다고 생각하는 점인데요. 사실 그건 애초에 불가능합니다. 애초에 불가능한 걸 하려고 아이에게 압박을 주니까 아이가 더 엇나가게 되는 것이죠.

과거 서울대 치대 출신으로 유명했던 한 가수 겸 배우는 방송에 나와서 야간 자율학습을 도망가기도 했다고 이야기했습니다. 다른 패널들이야 고작 그런 게 무슨 일탈이냐고 웃기도 했지만, 우리가 알아야 할 건 정도의 차이는 있을지언정 누구나 일탈을 한다는 점입니다. 서울대 치대에 간 슈퍼 엘리트도 일탈을 합니다. 중요한 건 일탈을 하느냐 안 하느냐가 아니라 일탈 이후에 얼마나 빠르게 제자리로 돌아와 같은 일의 반복을 줄이느냐 하는 점입니다.

그러기 위해서는 아이가 어떤 잘못을 했을 때,

"야, 이 한심한 녀석아."

이렇게 아이의 정체성을 건드리는 말을 해서는 안 됩니다. 죄는 미워해도 사람은 미워하지 말라는 말이 있습니다. 이 말은 교육 현장을 놓고 본다면 이렇게 정리할 수 있겠습니다.

행위는 지적해도 자아는 지적하지 마라.
행위의 잘못은 탓해도 인격은 욕하지 마라.

결국 교육의 목적은 아이 스스로 가지고 있는 자신의 자아상을 가장 올바른 방향으로 만들어나갈 수 있도록 유도해나가는 과정이기 때문입니다.

방법② '감각'은 '착각'에서 비롯됨을 인지시킨다

그런데 아이의 행동을 지적하다 보면 필연적으로 정체성을 건드리지 않기가 어려워지는데요. 이때 지적을 해주는 멘트가 중요합니다.

> 1. 인간은 누구나 한심한 행위에 빠지게 될 수 있다.

⬇

> 2. 하지만 한심한 행위를 한다고 해서
> 그 사람이 한심한 것은 아니다.

⬇

> 3. 놀고 싶은 본능, 나태해지고 싶은 욕망이 있다고 하더라도
> 그게 네가 한심한 사람이라는 증거는 되지 못한다.
> 그런 본능은 누구에게나 있다.

4. 너에게 마구 먹고 놀고 싶은 본능이 솟구친다고 해도,

그게 네가 한심한 인간이라는 증거는 될 수 없다.

여기서 3번, 4번이 중요합니다. 식이 조절을 제대로 못하고 마구 살찌는 사람, 게임 중독에 빠져 있거나, 노는 것을 컨트롤 못하는 사람들의 경우 내면에서 먹고 놀고 싶은 본성을 '나의 일부'라고 받아들이기 때문에 그것에 저항하지를 못하게 되는 것입니다. 거기에 더해, 먹고 놀고 싶은 것은 '나의 본능, 인간의 본성'이라는 생각을 갖고 있기 때문에 거기에 저항하지 못하고 오히려 정당화하려는 것입니다 이 잘못된 사고의 흐름부터 끊어줘야 합니다. 아래와 같은 방식으로 말이죠.

"그건 절대 너의 일부, 너의 본성이 아니야. 일시적인 착각일 뿐이지."

"오히려 먹고 노는 일에 취하는 것이 너의 본성을 배반하는 일이야."

<u>원래 감각이라는 건 다 착각이고 학습입니다.</u> 최면에 걸린 사람이 생마늘을 초콜릿이라고 착각하고 쩝쩝 맛있게 먹는 TV 프로그램을 보신 적 있으실 겁니다. 감각은 거대한 하나의 착각일 뿐입니다. 아이가 PC방에서 게임을 할 때 너무나 행복한 표정을 짓고 있다고 해도, 그게 진정한 아이의 행복이라고 믿어서는 안 됩니다. 그건 일순간 감각적 최면에 빠져 있을 뿐인 겁니다.

우리에겐 매우 맛있는 음식인 오징어 구이가 서양인들에게는 역겹게 받아들여집니다. 그러나 어려서 입양 온 서양 태생 아이는 오징어 구이를 너무 맛있게 잘 먹죠. 결국 감각은 철저히 학습의 부산물인 것입니다.

'감각은 나의 본성이 아니다.'

'감각은 착각, 혹은 반복 학습의 결과물에 불과하다.'

감각을 본성, 본능이라고 오해하는 이상 그 감각의 쾌락에서 빠져나오기는 어려울 겁니다. 이 오해를 풀어주는 것이야 말로 진정한 자유, 진정한 행복으로 아이를 이끌어주는 교육의 왕도가 되겠습니다.

point!

'게임'과 같은 순간의 재미는 감각과 본능의 착각에서 오는 것일 뿐 진정한 행복이 아니다.

대책
2

공부랑 친해지게 만드는
원리, 개념 조정

아이가 공부를 하지 않는 것은 심리적 원인 때문!

아이가 공부를 안 할 때 "어휴, 대체 왜 안 하는 거야. 속상해." 라고 하면서도 정작 공부를 안 하게 되는 심리적 원인은 밝혀내려 하지 않는 답답한 상황을 우리는 많이 보게 됩니다. 의지력이라는 건 어떤 일을 할 때만 발휘되는 것은 아닙니다. 어떤 일을 하지 않을 때도 그 일을 하지 않으려는 의지가 발현될 때만이 적극적으로 안 하게 되는 것입니다. 공부를 안 하게 되는 이유는 한마디로 이 두 가지밖에는 없습니다.

> 1. 공부가 귀찮다.
>
> 2. 해도 안 된다. 할 수 없어서 포기한다.

흔히 '싫어한다.'는 것의 좀 더 정확한 실체는 바로 '하기 싫다. 열등감을 인정하기 싫다.'는 것입니다.

사실 1번 경우보다 더 무서운 게 2번 경우입니다. 필요를 못 느끼는 경우는 필요를 느낄 만한 상황 인식 및 자기 인식을 형성시켜주면 되지만, 아예 거부감을 느끼는 경우는 답을 찾기가 어렵죠. 인간은 표면적인 성과보다 자기 정체성을 지키는 것에 더 애착을 보이는 존재이기 때문입니다. 공부라는 전투에 참전해서 자신의 자존감이 깨져나가는 꼴을 보느니, 차라리 공부를 환멸하고 공부에 반항하는 길을 택하는 것이 오히려 매우 인간적인 모습입니다.

이 반발심이 자신의 정체성으로 확립되게 되면, 그때부터는 하는 게 아니라 하지 않는 쪽으로 강력한 의지를 발현시키게 됩니다. 그리고 그 반발심을 불러온 대상의 정반대되는 '대척 가치'에

편향하고 따르게 됩니다.

+

영어에 대한 반발심을 언어영역 만점으로 돌리다

외고에서 영어 실력으로 인해 차별을 받았다고 생각했던 10대 시절의 저는 이러한 대척 가치를 마음속에 구축했습니다. 그랬기 때문에 영어만 생각하면 짜증이 났고 영어 성적도 안 좋았지만 의외로 반대급부도 있었습니다. 국어(언어영역), 사회, 역사 같은 과목은 그렇게 좋을 수가 없었습니다. 영어랑 수학은 대학에 들어갈 때까지 계속 버벅댔지만 배점이 큰 언어영역 성적만은 늘 최상위권이었습니다.

그래서 영어도 못하고 수학도 못했지만 언어영역 성적에 힘입어 소위 명문이라 불리는 대학에 들어갈 수 있었지요. 운이 좋았던 건지 제가 응시했던 2000년도 수능시험은 유독 언어영역만 어려웠고 영어와 수학 등 다른 과목들이 쉬웠습니다. 저한테는 더할 나위 없는 맞춤 난이도였습니다.

그런데 만일 그해 시험에서 언어가 쉽고 영어, 수학이 어려웠다면 어땠을까요? 저는 대입 시험을 완전히 망쳤을 겁니다. "운도 실력이다. 결국 점수가 실력을 증명한다."라는 건 한마디로 헛소리라고 생각합니다. 운이 실력이 아니라 운은 운일 뿐인 것이지요. 물론 운이 전부는 아니지만 그렇다고 실력이 전부도 아닙니다. 이 두 가지는 적당히 믹스가 되어 결과에 영향을 끼치기 때문에 어느 한쪽만을 강조하는 이들의 말은 다 틀렸다고 해도 무방합니다.

대척 가치란 말하자면 이런 것입니다. 어떤 일을 못한다고 무시당하거나 상처받았을 때 그 일을 잘하자고 생각하는 게 아니라 아예 그걸 포기하고 그에 반대되는 다른 영역을 파고드는 것이죠. 대부분 공부를 안 하는 아이들의 경우 그들이 게을러서 그런 게 아니라 이런 대척 가치를 공부 외적인 것으로 구축하는 경우가 많습니다.

그러나 이렇게 공부 내의 다른 과목에서 대척 가치를 만드는 것은 (영어가 싫으니 국어를 한다 라는 등의) 그나마 성적 향상의 길이 보이지만, 아예 공부 이외의 다른 대척 가치를 구축해버리게 되면 그 때부터는 부모님 울화통 터지는 상황이 벌어지는 게 대부분입니다.

+

공부 개념을 조정하면, 공부를 절로 찾게 된다

공부랑 친해지게 만드는 첫 번째 원리가 공부하는 그 순간에 긍정적 자기 확인을 할 수 있게 해주는 것이라면, 두 번째는 공부에 대한 개념 정의를 조정해주는 것입니다. 알기 쉽게 표로 정리해볼까요?

Tip 공부와 친해지는 원리

- 공부하는 순간에 긍정적 자기 확인을 할 수 있게 한다.
- ➡ '게임하는 것보다는 책 보는 모습이 더 멋있다.'라는 것을 인식시켜준다.

- 공부에 대한 개념을 조정해준다.
- ➡ '공부란 꼭 잘해야 하는 건 아니다. 그냥 편하게 즐기듯 접근하면 되는 것일 뿐이다.'라고 압박감을 줄여준다.

서먹서먹한 관계의 아이 두 명이 있다고 했을 때, 어떻게 해서든지 이 아이들을 친하게 만들어보려고 합니다. 그런데 문제는 이 두 명의 사이가 굉장히 안 좋다는 점입니다. 어찌해야 할까요?

무턱대고 억지로 같은 장소에 우겨넣고 친해지라고 강요하는 것은 효과가 없습니다. 입장을 바꿔서 당신을 괴롭히는 지긋지긋한 상사와 둘이 장기 출장을 가라고 강제로 붙여놓는다한들 사이가 좋아질 리 있을까요? 오히려 반감에 스트레스만 늘 뿐이겠죠.

공부 개념 조정의 목적은 크게 두 가지입니다. 하나는 아직 공부에 대해 호불호가 결정되지 않은, 즉 그릇이 형성되지 않은 백지 상태의 아이에게 공부(운동, 예술 등 포함)를 크게 받아들일 수 있는 그릇을 형성시켜주는 것이고, 또 다른 하나는 이미 마음속에 똬리를 틀고 있는 공부 거부감에 '알고 보면 그렇게 나쁘지 않은 거야.'라는 사실을 알려주는 것입니다.

반면에 이미 공부에 대한 부정적 인식이 싹터 있는 아이라면 어떻게 해야 할까요? 다음의 세 가지 스텝이 필요합니다.

> 1. 정확히 공부의 어떤 점이 싫은지를 알아낸다.

⬇

> 2. 그 싫은 점이 사실은 그렇게 부정적으로
> 볼 사안이 아니라는 점을 인식시킨다.

⬇

3. 일부는 네가 오해하고 있다는 점도 알려준다.

이미 공부와의 관계가 틀어질대로 틀어진 아이에게 반드시 필요한 세 가지 스텝이 되겠습니다.

point!

아이가 공부를 하지 않는 것은 '심리적 원인' 때문이다.
공부 개념을 조정하면, 공부를 절로 찾게 된다.

공부의 끝은 문제풀이다!
당장 활용 가능한
'문풀법'

어려서부터 문제풀이 능력을 갖추는 방법

죽어라 사교육비 지출하여 공부를 시켜도 B급 이상의 성적은 내지 못하는 아이, 힘들게 공부하는 것 같지도 않은데 특 A급 성적을 술술 내는 아이. 이 둘의 차이는 바로 문제풀이 능력에 있습니다. 그럼 문제풀이 능력이라는 건 대체 어디서 생겨나는 걸까요? 이 능력은 바로 여기서 나옵니다.

> **한 사안에 대해 다양하게 설명할 수 있는 능력**

똑같은 사안을 가지고 아주 단조롭고 획일적으로밖에 설명하지 못하는 사람이 있는가 하면, 10개, 20개 이상의 다양한 방식으로 설명해내는 사람이 있습니다. 이 능력이 바로 문제풀이 능력의 핵심입니다. 이런 능력은 학원 강사들이 알려주는 표피적이고 기계적인 요령만으로는 절대 한계가 있습니다. 이 능력이 있느냐 없느냐가 성적의 관건입니다.

✚

어떠한 사안에 대한 다양한 질문을 던져라

문제풀이 능력을 만들어주는 방법은 너무나 간단합니다. 어떤한 사안에 대해 이렇게도 설명해보라고 하고 저렇게도 설명해보라고 하면 됩니다. 소크라테스가 대화를 통해 제자들을 깨우쳤던 과정을 떠올려보시면 됩니다. 여기 하나의 꽃이 있다고 해보지요.

이에 대해 아이에게 물어봅니다.

　엄마 : 이 꽃 어때?

　아이는 예쁘다든지, 향기롭다든지 어떤 대답을 하겠지요. 그럼
그에 덧붙여 부가적인 설명을 해보라고 합니다.

　엄마 : 예뻐? 어떻게 예뻐?

　즉 어떤 사안에 대해서 추가적으로 한발 더 들어가는 묘사, 즉
부연 설명을 요구하는 것입니다.

Tip① 추가적인 부연 설명을 요구하라.

　그리고 한 사안에 대해 다양한 접근, 다양한 설명을 해보라고

합니다. 구체적인 느낌을 표현할 수 있도록 유도하는 것입니다.

엄마 : 이 꽃에 예쁜 것 말고 다른 특징은 또 뭐가 있을까?

Tip② 새로운 측면을 찾아내 설명해보라고 한다.

한 사안을 이렇게도 보고 저렇게도 보고, 이리도 설명해보고 저리도 설명해보고, 이런 대화는 아이와 놀면서 해보기에 전혀 어렵지 않습니다. 우리는 최고의 교육자인 소크라테스가 왜 문답법이라는 유명한 방법으로 제자들을 가르쳤는지 알 필요가 있습니다.

질문이라는 것 자체가, 말하자면 문제입니다. 결국 시험문제라는 건 질문에 대한 답을 내놓으라는 것 아닐까요? 아이에게 자꾸 질문을 던져주세요. 여기서의 질문은 한 사안에 대한 다양한 생각을 물어보라는 것입니다.

+

꼬리에 꼬리를 무는 5지선다 예문 분석법

이 연습이 얼마나 중요한지 증명해주는 것이 바로 수능 시험에 나오는 문제들입니다. 한 사안에 대해 이렇게도 표현할 수 있고 저렇게도 표현할 수 있는 능력이 시험 점수에, 어떤 대학을 가느냐 하는 부분에 얼마나 결정적인 영향을 끼친다는 건 수능 문제 한 번만 훑어봐도 알 수 있습니다.

가장 최근 년도 수능 국어 문제를 한번 찾아보세요. 보통 수능 국어 문제의 유형을 화법, 작문, 문법, 비문학, 문학으로 나누지만, 이는 형식적인 분류일 뿐입니다. 수능 국어 문제의 유형은

"이 말하고 저 말하고 같냐, 다르냐?"

이를 따지는 문제가 '거의 다'라고 보셔도 됩니다.

<u>2015년도 수능 문제를 보면, 전체 45문항 중 5개를 빼고는 전부 이런 문제입니다.</u> 수능 국어 문제는 5개 유형이 아니라 사실상 이 1개 유형과 나머지 약간의 자투리로 이루어진 셈이죠.

그럼 이 유형의 실체적 모습은 무엇일까요? 구조는 너무 간단합니다. 일단 지문을 줍니다. 그리고 다음과 같은 질문과 5개의 선택지를 줍니다.

• 다음 중 위 지문에 대한 설명으로 맞는 것은? 맞지 않는 것은?

5개의 선택지와 지문 속 내용이 서로 뜻이 일치하는지 어긋나는지를 파악하면 정답 찾기는 끝입니다. 문제를 계속 같은 말로만 하면 안 되니까 이렇게도 말하고 저렇게도 말하는 것일 뿐, 실상 이 문제 유형 하나밖에 없는 것입니다.

지문은 바로 위에서 예로 들었던 '꽃'이라는 하나의 대상과 같은 것입니다. 5개의 선택지는 꽃에 대해 이렇게도, 저렇게도 설명하고 있는 것입니다. 그중에서 적절치 못한 것, 혹은 맞게 표현한 것을 골라내면 맞는 것이죠.

저는 고등학교 3년 내내 수능 국어 공부를 단 한 번도 한 적이 없습니다. 저희 때는 언어영역이라고 했습니다만, 실제로 언어영역 공부를 하나도 안 하고 상위 1% 이상의 성적을 손쉽게 거두는 아이들이 꽤 있었습니다. 남들은 문제집 수십 권 풀어도 안 나오는 점수를 거저 얻는 것이지요. 차이는 하나입니다.

<u>한 사안에 대해 다양하게 설명, 표현할 수 있는 능력이 있느냐 없느냐. 이것 하나로 차이가 만들어진 것입니다.</u> 이 원리는 영어 문제라고 해서 전혀 다르지 않습니다. 그냥 지문이 한국어냐 영어냐의 차이만 있을 뿐이지요.

+

획일적 시각으로 아이의 개념 확장을 막지 마라

다만 이런 능력을 갖추기 위한 문답법을 할 때 한 가지 유의해야 할 사항이 있습니다.

> 엄마 : 이 꽃 어때?
>
> 아이 : 예뻐.
>
> 엄마 : 예뻐? 어떻게 예뻐?
>
> 아이 : 멋있게 예뻐.
>
> 엄마 : <u>멋있어? 멋있는 것하고 예쁜 것은 다른 거잖아.</u>

<u>마지막 밑줄 친 것과 같은 답변은 절대 안 됩니다.</u>
<u>이 말은, 지식을 가르친다는 목적에 집착해 아이의 개</u>
<u>념을 좁게 가두지 말라는 이야기입니다.</u> 멋있는 것하고

예쁜 것하고 왜 달라야 할까요? 다른 게 아닙니다. 같을 수도 있고 다를 수도 있고 연결될 수도 있고 하나로 합쳐져 새로운 대상으로 재탄생할 수도 있는 것입니다.

실제로 수능 문제에서는 "전체 맥락상 '예쁘다'와 '멋있다'의 연결을 어떻게 보아야 하는가?"라는 식의 문제가 나옵니다. 이런 식의 전혀 다른 두 개의 대상을 서로 연결하는 습관이 없던 아이들은 이런 유형의 문제가 조금만 어려운 단어로 꼬아서 나오면 엉뚱한 답을 고르고 낮은 점수를 받는 아이가 되고 맙니다.

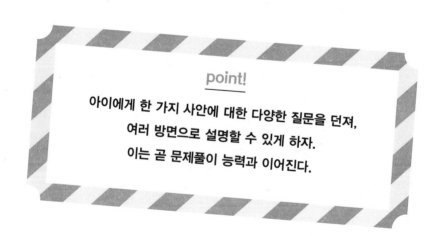

point!
아이에게 한 가지 사안에 대한 다양한 질문을 던져,
여러 방면으로 설명할 수 있게 하자.
이는 곧 문제풀이 능력과 이어진다.

'정답만 쏙쏙!'
오답을 고르지 않는 방법

문제풀이는 일종의 추리게임이다

아이가 문제를 못 푸는 이유는 두 가지입니다.

첫 번째, 답을 아예 못 찾아내서.
두 번째, 답을 빨리 못 찾아내서.

여기서는 두 번째 이유에 대한 이야기를 하겠습니다. 이것도 참 옆에서 볼 땐 답답한 부분이죠. 답을 빨리 찾지 못하면 부모님들은 아이가 머리가 나쁜가 하는 생각을 하기 쉽지만, 절대 그렇지 않습니다. 다만 답을 빨리 찾는 훈련이 되어 있지 않을 뿐이지요.

두 번째 문제를 해결하는 능력을 만들어주는 간단한 방법이 있습니다. 바로 문제를 풀 때 '공부'라는 인식을 심어주기보다는 다음과 같이 가르치는 것입니다.

"문제풀이는 일종의 범인 잡는 추리게임이다."

이게 무슨 이야기냐 싶으시지요? 그저 단순히 공부에 재미를 붙여주기 위한 비유일까요? 그런 효과도 있지만 그게 핵심은 아닙니다. 실제로 이런 식으로 접근을 해야지만 빠르고 정확하게 문제풀이 기술이 늘어납니다. "문제풀이는 일종의 범인을 잡는 추리게임과 같아." 이렇게 설명을 시작하며 문제풀이에 대한 아이의 두려움을 없애주세요.

+

셜록 홈스의 문제풀이 스킬을 적용하라

수능 국어의 45문항 중 40문항이 이런 유형이었습니다.

> • 다음 중 위 지문에 대한 설명으로 맞는 것은? 맞지 않는 것은?

영어도 마찬가지고, 다른 암기 과목들의 문제 유형도 크게 다르지 않습니다. 요컨대 대학 입학 전까지 접하게 되는 모든 문제는 대부분 이런 유형이라는 겁니다. 그리고 이에 대한 답을 5개 선택지 중에서 찾아내야 하는 것이죠. 이를 추리게임에 비유해볼까요?

문제는 곧, 지문에 대해서 자기 나름대로 떠들어대는 5명의 용의자 중에서 다른 엉뚱한 이야기를 하고 있는 범인을 찾으라는 것입니다. 이 관점으로 접근해야 빨리빨리 필요한 일을 해내서 문제를 정확히 풀 수가 있습니다.

범인을 찾을 때 가장 필요한 것은 무엇일까요? 바로 증거지요? 이건 국어, 영어, 기타 과목에 다 적용되는 이야기입니다만, 지문 전체를 쓸데없이 완벽하게 다 해석할 필요가 없습니다. 그럼 무엇을 먼저 해야 할까요? 5개 중에 답이 아닌 놈을 골라내는 데 필요한 증거를 찾으면 됩니다. 아무리 지문 해석을 잘해봐야 이 증거를 판별해내지 못하면 땡 하고 틀릴 수밖에 없습니다.

> **Tip①** 문제를 풀기 전에, 먼저 '증거'를 찾는 연습부터 시켜라.

국어도, 영어도, 철저하게 이 관점을 가지고 공부하게 해야 합니다. 그래야 문제에서 답이 보입니다.

> **Tip②** 지문은 A라고 주장한다.
> ➡ 5개의 선택지 중 모두 다 나는 A라고 주장하고 있다.
> ➡ 그런데 5개 중 한 녀석은 A가 아니라 실은 B다.

기억을 되짚어 보세요. 셜록 홈스가 범인을 찾을 때 어떻게 했던가요? 거짓말하는 사람의 거짓을 어떻게 꿰뚫었던가요? 증거부터 찾았습니다. <u>국어든 영어든 정답 맞추기는 바로 홈스의 추리 구조랑 똑같습니다.</u> 이런 식으로 공부를 시켜야 아이도 흥미를 가질 수 있고 무엇보다 정답 맞추기의 재미, 그 손맛을 익히면서 억지 노력이 아니라 공부에 빠져드는 단계로 진입할 수 있게 되는 것입니다. 공부의 실상은 바로 이 '찾아내기 스킬'입니다.

그러나 증거를 찾아내는 방식으로 접근한다는 이 요령 역시 근원적인 능력 하나가 필요합니다. '빠르게 증거를 추출하는 능력'입니다. 간혹 이 능력을 키우기 위해 속독 학원 같은 곳에 아이를 보내는 부모들도 있습니다. 그러나 빨리 읽는다고 증거를 빨리 찾아낼 수 있는 건 아닙니다. 홈스가 결론을 빨리 내릴 수 있었던 건 그의 사고 패턴 때문이었지 그의 속독력 때문이 아니었습니다. 또한 빨리 풀고 답을 틀려봤자 아무 소용이 없습니다. 빨

리 읽는 게 중요한 게 아니라 빨리 유효한 증거를 찾아내는 게 중

요합니다.

point!

국어, 영어의 경우 5개의 보기 중 혼자만
다른 이야기를 하는 '범인'이 있다. 아이에게 문제풀이는
이 범인을 색출하는 '추리게임'과 같다는 인식을 심어주자.

단 한마디의 말이
열의를
불타오르게 합니다

낼모레가 시험인데 책 한 장 안 펴보고 핸드폰만 들여다보고 있는 아이….

혹시 댁의 아이 모습은 아닌가요? 이럴 때 엄마는 무슨 말을 해야 할까요? 분명 열심히 공부해야 하는 상황인데, 그냥 놀기만 하는 아이를 보면 혼낸다고 되는 것도 아니고, 그렇다고 마냥 내버려두기도 불안한 게 현실입니다.

때로 엄마의 말 한마디는 아이가 스스로 책상에 앉아 공부하게 하는 커다란 힘을 가지고 있습니다. 반대로 아이에게 잘못 던진 부정적인 말 한마디가 아이의 반항심을 키우고, 공부에 대한 거부 감만 들게 하기도 합니다. 아이가 공부에 흥미를 느끼게 하려면 어떤 말을 해주어야 할까요?

<u>이 책은 아이의 공부 습관을 길러주려는 엄마들에게 가장 효과적인 대화 방법을 알려주는 책입니다.</u> 일부 사람들은 "아이를 믿고 내버려두면 스스로 큰다."라고 그럴듯한 이야기를 하기도 하지만 그렇게 따지면 세상 모든 아이가 어긋나지 않고 올곧게 자라야 합니다.

하지만 현실은 어떤가요? 말썽을 부리고, 비뚤어진 아이들은 분명 존재하는데, 과연 믿고 내버려두지 않아서 그렇게 된 걸까요? 내버려두어서 아이가 망가지는 경우도 많습니다. '그냥' 내버려두는 건 믿음이 아니라 '방치'입니다.

어떤 분들은 "공부에 대한 동기부여를 시켜주세요."라는 누구나 알고 있는 이야기를 하기도 합니다. 동기부여가 중요하다는 것쯤이야 삼척동자도 아는 말이지요. 문제는 그걸 '어떻게 하느냐.' 하는 부분입니다. 아이의 공부에 관심이 많은 엄마일수록, 이 지점에서 실수를 저지르게 됩니다. 아이에게 공부해야 하는 동기를 심어주려다가 오히려 그나마 있던 의욕마저 꺾게 되는 일은 매우 쉽게, 흔하게 일어납니다.

대화를 통해 공부 문제를 해결하려는 엄마가 흔히 쓰는 방법은 '논리적 설명'과 '설득'입니다. 싫어도 학습지를 풀어야 똑똑해진다고 설득하고, 컴퓨터를 많이 하면 눈이 나빠져 나중에 보고 싶은 것도 볼 수 없다며 은근히 불안을 조성하기도 합니다. 그러나 인지적으로 미숙하고, 부모에게 전적으로 의존하는 어린아이 때에는 엄마의 말을 잘 듣지만, 지적 능력이 성장하고 자율성을 추구하는 시기에는 이런 방식이 독이 될 수도 있습니다.

'아이가 스스로 공부하는 힘'은 제대로 된 엄마의 훈육 없이는 만들 수 없습니다. 이 훈육은 꼭 간섭이나 혹사를 뜻하는 게 아닙니다. 많은 경우 아이를 가르친답시고 잘못된 말로 오히려 아이의 잠재적 행동력을 꺾어버리곤 했으니까요. 이 책에서는 그러한 문제가 왜 발생했는지 찬찬히 살펴보고, 반대로 아이의 공부 열의를 불타오르게 만드는 엄마의 말을 알려드리고자 노력했습니다.

✚

공부하고 싶지만, 동기를 찾지 못한 아이들

"나중에 뭐가 되려고 놀기만 하니?"
"그렇게 집중력이 약해서 어떻게 할래?"
"이걸 왜 이해 못하니? 잘 생각해봐!"

많은 엄마가 공부 안 하고 노는 아이에게 이런 말을 합니다. 그러고는 돌아서서 한숨을 쉬며 생각합니다.

'우리 아이, 공부랑 안 맞는 건 아닐까?'

'의지가 너무 약한 게 아닐까?'

'혹시 이해력이 부족한 건 아닐까?'

의지가 약해서? 여기서 의지라는 게 대체 정확히 무엇을 말하는 걸까요? 이해력도 마찬가지입니다. 사실 진짜 문제는 공부를 안 하는 아이가 아닙니다. 그보다 더 큰 문제는 아이의 능력과 가능성을 섣불리 의심하고, 성급히 결론을 내버리는 엄마에게 있습니다.

아이를 키우는 엄마가 꼭 알아야 할 사실이 하나 있습니다.

"이 세상의 모든 아이는 노력을 하고 싶어 하고, 그 실력을 인정받고 싶어 하는 존재라는 것입니다."

모든 아이는 알고 보면 열성적으로 노력을 하고 싶어 하는 인격체입니다. 다만 그게 무언가의 묵직한 장애물에 눌려 펼쳐지지 못하는 것일 뿐이지요. 그리고 엄마들은 자신도 모르는 사이에 그 묵직한 장애물을 아이의 머리 위에 올려놓곤 합니다.

노력, 공부를 하게 만드는 건 아이를 혹사시키는 게 아닙니다. 오히려 아이의 숨겨진 진짜 본능을 충족시켜주는, 더 큰 기쁨을 주는 행위입니다. 차분히 이 책을 읽으며 하나둘 따라해보세요. 그러는 사이에 어느덧 아이의 노력하고 싶어 하는 마음을 억눌렀던 잘못된 대화법을 수정하고, 아이가 비뚤어지거나 엇나가지 않도록 인생의 항로를 바로 잡아주는 좋은 엄마가 되실 수 있을 것입니다. 혹시 질문이나 의견이 있으시면 언제라도 제 메일(replacebo@daum.net)로 보내주시기 바랍니다. 성심껏 답변해드리도록 하겠습니다. 마지막까지 읽어주셔서 감사합니다.

최찬훈